【お詫びと訂正のお知らせ】

本書に下記の通り誤りがございましたので、訂正させていただくとともに深くお詫び申し上げます。二刷り出版時には修正いたします。

・P3 右段　上から 12 行目

誤)・遺伝子組み換え食品・非ゲノム編集食品など長期的に見て

正)・遺伝子組み換え食品・ゲノム編集食品など長期的に見て

・P29 ごまねぎ味噌厚揚げ

誤）P9 のごまねぎ味噌を厚揚げにのせて

正）P11 のごまねぎ味噌を厚揚げにのせて

・P56 なんちゃって唐揚げ

誤）3　3 を軽くしぼり、

正）3　2 を軽くしぼり、

・P67 ジンジャーチップス

誤）P64 の基本のジンジャーシロップ

正）P66 の基本のジンジャーシロップ

はじめに

2019年末、突然の新型ウイルス出現によって世界中の人々の生活が一変しました。不自由な自粛生活を強いられ日常を完全に上書きされてしまいましたが、悪いことばかりではありませんでした。日頃できなかったこと、しなかったことをする時間が増えたと言う声。その中にあったのが「料理」です。

病気に負けないカラダとココロを作ること、健康につながることを大きく意識させられたのは、まさにそんな時だったのではないでしょうか?

ここ数年、世界では環境問題や動物保護、宗教上の観点からヴィーガンやベジタリアンにシフトチェンジする方が増えて来ました。そんな食習慣をちょっとだけ取り入れることは、地球環境を変える一歩に繋がります。自分自身、おなかを休めカラダを軽くし、それがデトックスになり今までとは違うカラダやココロの変化を感じられることになるかもしれません。

この本はマクロビオティックの理論をベースにした料理を、生活情報誌に毎月数品10年間掲載したものの中からセレクトしたレシピと、新たに加えた数品を掲載しています。

旬のものはもちろん、その季節に取り入れたいものなどを季節ごとにまとめました。「いつもはカンタン、時々テマヒマ」をコンセプトにしていますが、直感で食べたいと思ったものをぜひ作ってみてください。それが今あなたのカラダが求めているもの、すなわち必要なものですから。

マクロビオティックは単なる菜食とは異なります(次ページ参照)。

動物性のものは一切出て来ませんが、肉や魚や乳製品、卵を食べることもその時々でカラダが欲すれば摂ってよいのです。ただ購入の際は飼育環境の良い家畜のものをぜひ。その後加工品となる場合もできるだけ不必要な手が加えられていないもの、消費者の立場に立った商品を選んでください。原材料を確認して商品をセレクトするのが基本。野菜ならなるべく無農薬やオーガニックのものを。そしてそれに欠かせない調味料は精製されていない伝統的な製法、余計なものが入っていないシンプルなものを!

日々の食卓が健康なカラダとココロを作ります。賢く軽やかにこの危機を食事で乗り切って行きませんか。そんな前向きな気持ちとともに全ての人にエールを送りたいと思います。

食生活を見直そう！ ―今、考えたいマクロビオティックな暮らし―

毎日、口にしているもの、意識していますか？

全てはあなたが食べたものであなたのカラダはできている…これにつきます。ここにマクロビオティックの理論に基づきつつも、ストイックになり過ぎない食の提案をしたいと思います。

原則は以下の3つ。

「身土不二」

その季節に採れる身近な野菜を取り入れる。

「一物全体」

ひとつの素材すべてを丸ごといただくことでバランスが取れる。つまり、皮も根も茎も葉も食べられるところは全部調理する。

「陰陽の調和」

日常の生活環境を見てみると、動物と植物、暑い寒い、硬い柔らかい、太陽と月など、相反する二つがペアになっているものがたくさんあることに気が付きます。これを「陰」や「陽」と言い、お互いに引き合ったり反発したりという関係性で成り立っています。

なす　じゃがいも　きゅうり　小松菜　大根　人参　ごぼう

陰性

陽性　陰性　陽性

まずは野菜の陰陽を知ることから始めましょう。（図参照）

それぞれの特徴は、

- 陰性…拡散・上昇・静かさ・冷たさなどの性質を持つ。土から上に伸びて成長する葉菜や果菜。水分が多くカラダを冷やす性質。暑い季節や土地に取れるもの。
- 陽性…収縮・求心・下降性・動き・熱さなどの性質を持つ。地球の中心に向かうエネルギーを持つ根菜。水分が少なくカラダを温める性質。寒い季節や土地に取れるもの。

料理をするときにこの考え方を取り入れ、どちらかに極端に偏らないようにバランスを取るようにします。

比較するもので陰陽の位置が変わるので絶対的な陰や陽は存在せず常に相対的なものであることも覚えておいてください。

アバウトな言い方ですが、葉野菜は「陰」、根菜類は「陽」と言うことができます。夏に採れるものは夏に（陰性の野菜が採れる…カラダを冷やす）、冬に採れるものは冬に（陽性の野菜が採れる…カラダを温める）という極めてシンプルな理論ですがあまりストイックに考えず、その時々にカラダが求めるものを取り入れればよいでしょう。食は楽しむもの、嗜好はそれぞれですからおいしく食べられればそれはそれでOKと気楽に考えてください。

西洋食が当たり前になっている昨今ですが、日本人には穀物をはじめ、野菜や豆類、海藻を中心にした食生活が適しています。日本の伝統食を上手に取り入れるとよいでしょう。

食品選びの際に注意したいのは、以下の点。

☆選びたいもの

- 野菜はできれば無農薬有機栽培。
- 調味料は伝統的な製法で作られたもの。
- 穀物はなるべく精白していないもの。

☆避けたいもの

- 遺伝子組み換え食品・非ゲノム編集食品など長期的に見てどういう影響が出るか分からないようなものは避ける。
- 食品添加物使用。
- 精製糖。

いずれもできる範囲で！ が継続の近道。無理しないことが大切。ご自身と家族の健康のためにできることをやってみてください。

この本について

- 文中の1カップは200cc、大さじ1は15cc、小さじ1は5cc。
- 使用している調味料…全て無添加、伝統製法で作られたもの。
- 地粉…国産小麦のことで中力粉。
- 鍋…土鍋やステンレス、鋳物製のもの。フッ素樹脂加工のものは使用していません。
- だし汁…干ししいたけと昆布で取ったもの。
- 回し切り…中心から放射状に切っていくこと（陰陽のバランスを考えた切り方）。

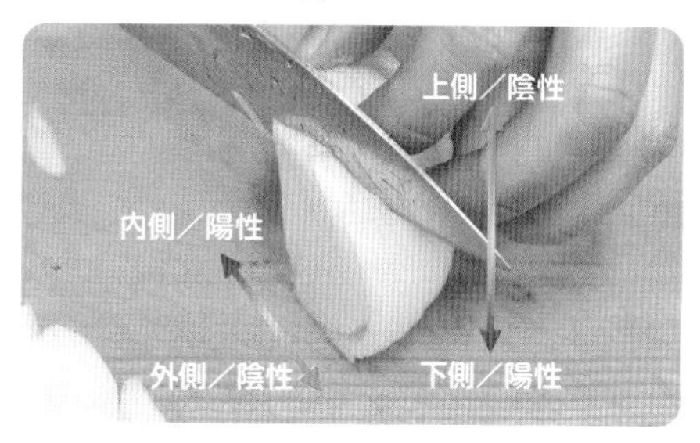

- 蒸し煮…素材と少量の水を鍋に入れて蓋をし、柔らかくすること。
- オーブンの焼き時間と温度は製品によって異なるのでそれぞれ調整してください。
- BP…ベーキングパウダー（アルミフリーのものを）。
- 葛粉…葛100%の物で微粉末を使用していますが、固形のものももちろんOK。スイーツで使用する場合はすりこぎやブレンダーで粉末にしてください。

CONTENTS

素材索引

……穀物
……野菜
……海藻
……豆類
…加工品
……果物

素材索引

……穀物
……野菜
……海藻
……豆類
…加工品
……果物

冬の間、寒さに耐えながら縮こまっていたカラダがうーんと伸びをするような目覚めの季節。木々や草花の芽吹きの季節でもあります。肝臓の働きが活発になるので、溜め込んだ不必要なものをすっきりと外に出し、身軽になって新しい季節を迎えたいものですね。

そんな軽やかな季節を迎えるにあたって取り入れたい素材は、野草や山菜。苦味が代謝を促しデトックスの役割を果たしてくれます。春を真っ先に感じさせてくれる野草の代表は、よもぎやたんぽぽ。よもぎはお団子にしたり天ぷらにしたり。たんぽぽも天ぷらにするとおいしくいただけます。他にも菜花類やにら、セロリなどの香りの強い春野菜もオススメです。

調理や味付けの仕方も冬とは違ってきます。調理時間はじっくり加熱よりも短く、蒸したり茹でたり、酸味も少し取り入れるとよりカラダが軽やかになりますね。

マクロビオティックではアクも一物全体と考え、普段はあえてアク抜きを必要としませんが、野草や山菜は別。陰性が強いのでアク抜きを忘れずに。そして食べすぎずに少量…を心がけてください。

カラダに優しいマクロビオティックのちらし寿司　4人分

五分搗き米(胚芽米)…… 2カップ
もちきび…… 1/5カップ
水…… 2カップ
塩…… 小さじ1/5
梅酢…… 大さじ1〜2

五分搗き米ともちきびはそれぞれ洗って分量の水と塩を入れ、1時間浸水させてから炊飯器で炊く。炊き上がったら飯台に移し、梅酢を回しかけて、全体をさっくりと混ぜる。

干ししいたけ…… 4枚
油揚げ…… 1枚
しょうゆ…… 大さじ1

干ししいたけは水で戻し千切り。油揚げは油抜きして細切り。それらを干ししいたけの戻し汁1カップとしょうゆで煮切る。

人参…… 2〜3cm
塩…… 少々

人参は花びらの型で抜く。抜いたあとの部分はみじん切りにし、ともに塩少々を振って蒸し煮にする。

れんこん…… 3cm
梅酢…… 大さじ1
水…… 大さじ2

れんこんは薄いいちょう切り。梅酢と倍の水でサッと煮る。

もめん豆腐…… 1/4丁
ごま油…… 少々
ターメリック…… ごく少量

豆腐は重石をしてしっかり水切りした後、ごま油で炒め塩少々と色づく程度にターメリックを加えて、ポロポロになるまで炒る。
*ターメリックは入れ過ぎると苦味が出るので注意。

絹さや…… 12枚
塩…… 少々

絹さやは塩を入れた湯でサッと茹で、斜めに薄く千切り。

炒りごま…… 大さじ1

AにCのみじん切りにした人参と炒りごまを混ぜ、他を彩りよく盛り付ける。

- 分搗き米……2合
- にんにく……1かけ
- 玉ねぎ……1/2個
- トマト……1個
- ピーマン……1個
- パプリカ(赤)……1/2個
- しめじ……1/2袋
- グリンピース……適宜
- コーン……適宜
- ベジブイヨン……5g
- サフラン……小さじ1/2
- オリーブオイル……大さじ2
- 塩……小さじ1/2

彩りベジパエリア　4人分

1 分搗き米は炊く1時間前に洗って、ザルに上げておく。
2 にんにくと玉ねぎはみじん切り。トマトはへたを取って六つ切り。ピーマンとパプリカはへたと種を取ってから幅1㎝に切る。しめじはほぐしておく。
3 お湯1/2カップにサフランと野菜ブイヨンを入れて、溶かす。
4 厚手の鍋にオリーブオイルを入れ、にんにくと玉ねぎを炒める。トマトを加えてさらに炒める。
5 1を加え、水1と1/2カップ、3、塩を入れて混ぜ合わせ、ふたをして沸騰させる。
6 火を弱めて、ピーマン・パプリカ・しめじをのせて弱火で12分加熱。
7 火から下ろしグリンピースとコーンをのせて10分蒸らす。

＊ ごぼう・れんこん・人参等加えても。

粗食のごまねぎ味噌　作りやすい分量

- 長ねぎ……大1本
- 麦味噌……大さじ2/3
- ごま油……小さじ1/2
- 白ごま……大さじ1
- 鷹の爪……1/2〜1本
- 水……大さじ1/2〜2/3

1 長ねぎは洗って青い部分と白い部分を分けて、それぞれ1㎜の小口切りにする。
2 厚手の鍋を熱し油を温めて、まず長ねぎの青い部分を炒める。
3 2を鍋端に寄せて白い部分を加えて炒める。
4 大さじ1/2〜2/3の水を加え、ふたをして弱火で蒸し煮する。
5 小口切りにした鷹の爪を加えて、さらに炒める。
6 長ねぎがやわらかくなったら味噌をのせてふたをし、蒸し煮にする。
7 味噌に水分が含まれ味噌がふわっとしてきたら、全体を大きく混ぜ合わせる。
8 すったごまを加えさらに全体を混ぜ合わせる。
9 ごはんにのせていただく。

魅せるハレの日カップごはん　4人分

ごはん……4人分（1人約190g）
梅酢……大さじ2

ごはんに梅酢を回しかけさっくりと混ぜ合わせる。

干ししいたけ……4枚
油揚げ……1枚
しょうゆ……大さじ1

干ししいたけは水で戻し千切り。油揚げは油抜きして細切り。それらを干ししいたけの戻し汁1カップとしょうゆで煮切る。

人参……7㎜の厚さ8切れ
塩……少々

人参は花びらの型で抜く。抜いたあとの部分はみじん切りにし、ともに塩少々を振って蒸し煮にする。

れんこん……薄くスライス8枚
梅酢……大さじ1
水……大さじ2

れんこんは梅酢と水でサッと煮る。

玉ねぎ……1/2個
ごま油……少々
塩……少々
ターメリック……少々

玉ねぎはみじん切りにしてごま油で炒め、塩少々と色付く程度にターメリックを振る。

絹さや……8枚
塩……少々

絹さやは塩を入れた湯でサッと茹で、斜めに切る。

炒りごま……大さじ1

AにCのみじん切りにした人参と炒りごまを混ぜてカップに盛り、B～Fを彩りよく盛り付ける。

シンプルアスパラ&エリンギ丼　3人分

- 玄米ごはん……3人分
- アスパラ……6本
- エリンギ……2〜3本
- 油揚げ……1枚
- 人参……少々
- スプラウト……少々
- 塩……少々
- こしょう……少々
- しょうゆ……適宜
- バルサミコ酢……少々

1 アスパラはサッと塩茹でし5cmくらいの長さに切る。太いものは1/2の幅に。
2 エリンギは1/2の長さに切ってから薄切り。オリーブオイルでソテーし、1を加え塩・こしょうで味を整える。
3 油揚げはオーブンで軽く焼いてから、細切り。人参はピーラーで薄く削いで、熱湯をかけておく。
4 玄米ごはんを器に盛り、エリンギを全体にのせ、アスパラと油揚げを交互に盛り付ける。人参とスプラウトをあしらう。全体にしょうゆを回しかけ、最後にバルサミコ酢を少量たらす。

陰陽のバランスごはん
レタスと梅肉のチャーハン　4人分

- レタス……3〜4枚
- 長ねぎ……1本
- 梅干し……2個
- ごま油……適宜
- ごはん（分搗き米）……お茶碗4杯
- （塩……少々）
- 白ごま……適宜

1 レタスは洗って、食べやすい大きさに手でちぎる。長ねぎは小口切り。梅肉はちぎって、適当な大きさに包丁でたたく。
2 フライパンにごま油を温め、長ねぎを炒める。レタスを加え炒め、さらにごはんを加えて炒める。
3 梅肉を加え、味をみて、塩気が足りないようなら塩を加える。
4 器に盛り、白ごまをひねりながらたっぷりかける。

＊梅干しの大きさで、個数や塩分を調整してください。

濃厚ごま香るベジ担々麺　2人分

細麺タイプの乾麺…………2束

スープ

にんにく……………………1かけ
しょうが……………………1かけ
だし汁……………………2カップ
ベジブイヨン…………………5g
豆乳………………………2カップ
練りごま…………………大さじ2
味噌……………小さじ山盛り1
鷹の爪…………………………1本
塩…………………………小さじ1/2
ラー油…………………好みの量
糸唐辛子…………… ひとつまみ
だし汁 6カップ分
（昆布6cm×13cmを2枚、干ししいたけ2個、切り干し大根10g）
トッピング（肉味噌風・チンゲンサイ・白髪ねぎ・蒸し人参・赤大根）

1 にんにくとしょうがはみじん切りにし炒める。鷹の爪を加えてさらに炒める。
2 香りが立ってきたら豆乳・ラー油・糸唐辛子以外の調味料を加える。
3 材料がよく馴染んだら豆乳を加え、さらに良く混ぜ合わせ、沸騰する前に火を止める。
4 器に盛り、トッピングをバランスよくのせる。

肉味噌風

にんにく……………………1かけ
玉ねぎ……………………1/2個
しょうが……………………1かけ
ひき肉タイプのベジミート
……………………大さじ山盛り2
なたね油…………………………適宜
干ししいたけの戻し汁　大さじ3
味噌………………………大さじ1/2
しょうゆ………………………小さじ1
みりん…………………………大さじ1

1 にんにく・玉ねぎ・しょうがはみじん切り。
2 ベジミートは戻す。
3 材料をなたね油で炒め、火が通ったら戻し汁と味噌・しょうゆ・みりんを加え、煮切る。

かき菜の彩りパスタ

4人分

パスタ	200g	パプリカ(赤)パプリカ(黄)	各1/2個
かき菜	1束	オリーブオイル	大さじ5
にんにく	2かけ	塩・こしょう	適宜
鷹の爪	1本	白ワイン	大さじ4

1 かき菜は洗って、食べやすい長さに切る。
2 にんにくは薄くスライス。鷹の爪は小口切り。パプリカは5mm幅くらいに切る。
3 パスタは指定の時間通り茹でる。
4 鍋にオリーブオイル大さじ2と、にんにく・鷹の爪を入れ、火にかける。
5 香りが立ってきたら、1とパプリカを炒め、塩・こしょうする。
6 3を加え、白ワインを振る。残りのオリーブオイルを加え、混ぜ合わせる。
7 塩・こしょうで味を調える。

エノキダケとわかめの味噌汁

4人分

玉ねぎ	1/4個	だし汁	640cc
エノキダケ	50g	味噌	45g
生わかめ*	適量		

1 玉ねぎは薄い回し切り。エノキダケは1/3の長さに。わかめは洗って食べやすく切る。
2 鍋にだし汁、玉ねぎを入れて沸騰させ、さらにエノキダケを加える。
3 味噌を溶き入れ、わかめも加える。

*ふのりでもOK。洗ったらすぐザルにあげ水で浸さない。

食感楽しい丸麦入りミネストローネ

4人分

玉ねぎ	1/2個	だし汁(昆布)	4カップ
セロリ	1/4本	ローリエ	1枚
人参	1/2本	麦味噌	大さじ1
キャベツ	2枚	オリーブオイル	少々
丸麦	1/4カップ	塩	小さじ1
トマトジュース	1カップ		

1 野菜はすべて1cm角に切る。
2 丸麦は洗ってザルに上げておく。
3 鍋にオリーブオイルを温め、玉ねぎ・セロリ・キャベツ・人参の順に加え炒める。途中、塩少々を振る。
4 だし汁・ローリエを加え、沸騰したら丸麦を加えて煮る。
5 材料が柔らかくなったら、トマトジュース・麦味噌を加えて軽く煮、塩で味を調える。

*丸麦の他に、ショートパスタを入れてもよい。
*時間が経つとふやけてリゾット風になってしまうので、気を付けて！

軽食に
レタスと春雨のスープ

4人分

レタス	3〜4枚	塩	5g
玉ねぎ	1/2個	水	4カップ
春雨	20g	しょうゆ	少々
人参	1/2本	のり	適宜
しょうが	8g	ごま油	適宜

1 レタスは洗って食べやすい大きさに手でちぎる。玉ねぎは薄い回し切り。春雨は指定時間より少なめに茹で食べやすく切る。人参は斜めに千切り。しょうがも千切り。
2 鍋にごま油を温め、しょうがを香りよく炒める。玉ねぎを加え、途中塩（分量外）をしながらよく炒める。
3 レタス・人参を加え、よく炒め合わせたら水を加える。
4 野菜に火が通ったら春雨を加え、塩で調味する。
5 器に盛りごま油をほんの少したらし、ちぎったのりをのせる。

パンのお供にひよこ豆とかぼちゃのフリカッセ

4人分

にんにく	1かけ	オリーブオイル	適量
玉ねぎ	1個	水	2カップ
キャベツ	120g	塩	小さじ1
かぼちゃ	130g	白味噌	大さじ1
ひよこ豆（茹でたもの）	1カップ	豆乳	1カップ
		茹でたブロッコリー	適宜

1 にんにくはみじん切り。玉ねぎ・キャベツは粗みじんに、かぼちゃは角切りにする。
2 鍋にオリーブオイルを入れて火にかける。香りがしてきたら、玉ねぎを加えよく炒める。途中塩少々（分量外）。
3 キャベツとかぼちゃを加えてさらに炒める。ヒヨコ豆と水を加え、野菜がやわらかくなるまで煮る。
4 豆乳を加え、沸騰させないように温め、塩と白味噌で調味する。器に盛り、ブロッコリーをのせる。

トマト……………… 2個
玉ねぎ………… 1/2個
セロリ……………… 30g
人参………………… 35g
切り干し大根…… 10g
オリーブオイル　適宜
水…………………… 720cc
ローリエ…………… 1枚
塩………… 小さじ1/2
味噌……… 小さじ1/4
黒こしょう……… 適宜

ブイヨンいらずの切り干し大根入りトマトスープ

1 トマト・玉ねぎ・セロリ・人参は大きめの角切り。切り干し大根は洗ってざるに上げ、食べやすい長さに切る。
2 鍋にオリーブオイルを温め、1を炒める。玉ねぎを炒めるときに塩少々（分量外）。
3 水とローリエを加え加熱し、やわらかくなったら塩と味噌を加え、味をなじませる。
4 器に盛り、黒こしょうをふる。

玉ねぎ………… 3/4個
かぶ………………… 1個
キャベツ………… 45g
人参………………… 45g
レンズ豆…… 大さじ2
なたね油………… 適宜
塩…………………… 適宜
ローリエ…………… 1枚
しょうゆ……… 小さじ1
白味噌……… 小さじ1
水……………… 4カップ
ハーブソルト…… 適宜
パセリ……………… 適宜

レンズ豆と野菜のスープ　4人分

1 野菜はすべて粗みじんに切る。
2 鍋になたね油を温め、玉ねぎを炒める。途中塩少々。
3 キャベツ・かぶ・人参を順に炒める。水とレンズ豆・ローリエを加え、材料がやわらかくなるまで煮る。
4 野菜がやわらかくなったらしょうゆ・白味噌・ハーブソルトで調味し、器に盛り刻んだパセリを散らす。

玉ねぎ………… 1/4個
人参……………… 40g
オートミール　大さじ3
金時豆（茹でたもの）
…………………… 1カップ
なたね油……… 適宜
塩………… 小さじ1/2
水……………… 2カップ
黒こしょう……… 少々

とろんと滑らか金時豆とオートミールのポタージュ　2人分

1 玉ねぎと人参は粗みじんに切る。鍋に油を温め、玉ねぎを炒める。途中塩少々（分量外）。人参を加えさらに炒める。
2 オートミール・金時豆・水を加え材料がやわらかくなったらブレンダーで攪拌し、塩で味を調える。器に盛り、黒こしょうをふる。

タケノコ……… 100g
玉ねぎ……………… 1個
しめじ…………… 100g
キャベツ…………… 2枚
人参……………… 40g
絹さやいんげん… 12枚
なたね油……… 適宜
水……………… 2カップ
豆乳…………… 2カップ
塩……… 小さじ1/2強
酒粕……………… 5g

チャウダーfu～タケノコと野菜の豆乳スープ　4人分

1 タケノコは食べやすい大きさに切る。玉ねぎは回し切り、しめじはほぐす。キャベツはざく切り、人参は斜め切りにする。いんげんは筋を取ってサッと湯がく。
2 豆乳に酒粕を混ぜ合わせておく。
3 なたね油を温め、玉ねぎ・しめじ・キャベツ・人参・タケノコの順に炒めていく。途中塩少々（分量外）。
4 3に水を加え、材料がやわらかくなったら、塩を加え2も加えてよく混ぜ合わせる。
5 器に盛り絹さやをのせる。

- 玉ねぎ……1と1/2個
- セロリ……1/2本
- 人参（小）……1本
- ブロッコリー　1/2個
- マッシュルーム…8本
- ジャガイモ……3個
- なたね油……適宜
- アマランサス　大さじ2
- 水……3カップ
- 豆乳……1カップ
- 米粉……大さじ3
- 塩……大さじ1/2
- 白味噌　大さじ1と1/2

パスタと一緒に。アマランサス入りホワイトシチュー　4人分

1 玉ねぎは厚めの回し切り。セロリ・人参・皮をむいたジャガイモは乱切り。マッシュルームは1/2に切る。ブロッコリーは茹でて一口大に分ける。
2 アマランサスはよく洗って水気を切る。
3 なたね油で玉ねぎを甘みが出るまで炒める。途中、塩をひとつまみ（分量外）。
4 マッシュルーム・セロリ・ジャガイモ・人参を加える。
5 水を加え沸騰したら2を加え15分煮る。
6 米粉を溶いた豆乳を加え塩と白味噌で調味する。ブロッコリーを加える。

- 玉ねぎ……1/2個
- 人参……50g
- れんこん……30g
- しめじ……50g
- ひよこ豆（茹でたもの）……70g
- さつまいも（蒸してマッシュ）……100g
- 塩……適量

※野菜は何でもあるもので！
※カレー味でも！

ベジビーンコロッケ　12個

1 玉ねぎ・人参・れんこん・しめじはグラインダーかミキサーですべて細かいみじん切りに。
2 ひよこ豆と1はフライパンでから煎りし水分をとばす。途中、塩を振る。
3 材料をすべてボウルに入れ、よく混ぜ合わせる。塩で味を調える。
4 丸形にまとめ、水溶き地粉、パン粉を順に付け、油でカラッと揚げる。

＊ 水溶き地粉は、濃いめに作ってしっかり付けてからパン粉をはたいた方が、食感よく揚がる。

春巻きの皮……10枚
タケノコ（水煮） 80g
春雨……40g
しめじ……100g
長ねぎ……1本
人参……40g
生わかめ……30g
しょうが……1かけ
ごま油……適宜
塩……ひとつまみ
しょうゆ 大さじ1と1/2
なたね油……適宜

山のもの&海のもの…タケノコ春巻き

10本分

1 タケノコ・しょうが・人参は千切り。長ねぎは斜め切りにする。春雨は茹でる。
2 フライパンにごま油を熱し、しょうが・長ねぎを炒め、途中塩をひとつまみをふる。
3 2にしめじ・人参・タケノコ・春雨・生わかめの順に加え、炒める。
4 材料がやわらかくなったらしょうゆを加え混ぜ合わせ春巻きの皮で包み、なたね油で揚げる。

＊タケノコの生長の速さ、えぐみの強さは陰性のエネルギーの強い証拠。海藻の陽性さを合わせて陰陽バランスをとります。

大根……5cm
人参……5cm
ごま油……大さじ1
しょうゆ……大さじ1と1/2〜2
白すりごま…大さじ1

水も加えず、大根と人参のごま煮

作りやすい分量

1 大根と人参は長さ5cmの拍子切りにする。
2 1をごま油で大根・人参の順に炒める。
3 しょうゆを加えてさらに炒め、ふたをする。
4 しんなりして水分がなくなったら、ごまを混ぜ合わせる。

＊ 厚手の鍋がおすすめ！

ウド……………………1本
菜の花…………………1束
ごまペースト……大さじ1
味噌…………………小さじ1
メープル………小さじ1/2
水……………………大さじ1

1 ウドは皮をむいて、5cmの長さの短冊に切り、水に放ってアクを抜いてから、軽く茹でる。
2 菜の花はサッと茹で、5cmくらいの長さに切る。
3 調味料を混ぜ合わせ1と2を和える。

春の贈り物　ウドと菜の花のごま味噌和え

作りやすい分量

皮も残さず ウドのきんぴら

作りやすい分量

ウドの皮……………………………………1本分
ごま油・焼き塩・黒こしょう　それぞれ適宜

1 ウドの皮は水に放ってアク抜きし、千切り。ごま油で炒める。
2 塩・黒こしょうで調味する。

＊焼き塩の方が均一に味付けできるのでベター。

ウドの皮・葛粉・なたね油・焼き塩
………………………………………それぞれ適宜

1 ウドの皮はむいて、水に放ってアク抜きをする。
2 長いまま、葛粉を入れたビニールの袋に入れてまぶす。
3 なたね油でカラッと揚げ、熱いうちに塩をふる。

＊片栗粉でもOK。

皮もね！　ウドチップ

4人分

小松菜……………………1束
白ごま……………………適宜
しょうゆ…………………適宜

1 小松菜は洗って茹で、食べやすい長さに切る。
2 すった白ごまとしょうゆ少々で和える。

定番小松菜の白ごま和え 4人分

かき菜……1束
油揚げ……1枚
長ねぎ……1本
しょうが 1かけ
しょうゆ…… 大さじ2/3
ごま油…… 大さじ1強
塩……………………少々
白ごま……………適宜

1 かき菜は洗って5㎝くらいの長さに切る。油揚げは油抜きして細切り。長ねぎは斜め薄切り。 しょうがは千切り。
2 鍋にごま油を温め、しょうがを炒めて香りを出す。
3 長ねぎ・かき菜を加え、塩少々ふる。油揚げも加えてさらに炒め、しょうゆを回しかける。
4 器に盛り、白ごまをふる。

＊ごはんにのせて食べても！

春を感じるかき菜の炒め物 2人分

かき菜……………………1束
粒マスタード……… 大さじ2
しょうゆ…………… 大さじ1
レモン汁………… 小さじ1/2
人参の千切り………… 少々

1 かき菜は洗ってサッと茹で、5㎝くらいの長さに切る。
2 調味料で、和える。
3 器に盛り人参の千切りをトッピングする。

＊すぐ火が通るので茹ですぎないように！

かき菜の粒マスタード和え 3〜4人分

にらと春雨のピリ辛炒め

2人分

- にら……1束
- 春雨……30g
- しいたけ（大）……2個
- 長ねぎ……1本
- しょうが……1かけ
- 鷹の爪……お好みで調整
- ごま油……大さじ2
- 塩……ふたつまみ
- しょうゆ……小さじ1
- 酒……小さじ1

1 にらは洗って5cmくらいに切る。
2 春雨は茹でて食べやすい長さに切る。
3 しいたけ・長ねぎは薄切り、しょうがは千切り、鷹の爪は小口切りにする。
4 鍋にごま油を温め、しょうがを炒め香りが立ってきたらしいたけ・長ねぎ・にら・鷹の爪・春雨を順に炒める。
5 酒を回しかけ、塩・しょうゆで味を調える。

加熱時間最短、にらともやしのチャンプルー

2〜4人分

- にら……1束
- もやし……1袋
- 絹揚げ……1パック
- しょうゆ……大さじ1
- ごま油……大さじ1
- 塩……小さじ2/3

1 もやしは熱湯で10秒茹で、ザルに上げて冷ます。
2 にらは3cmの長さに切る。
3 絹揚げは油抜きし縦半分に切り、さらに1cmくらいに切る。
4 フライパンにごま油を温め、1と2を手早く炒めて塩をひとつまみ分振る。
5 3を加えて炒め合わせたら残りの塩を加え、しょうゆを回しかける。

チャチャッと軽食に！ にらとビーフンの炒め物

4人分

ビーフン	150g	油揚げ	1/2枚
玉ねぎ	1/2個	塩	小さじ1
キャベツ	2枚	しょうゆ	大さじ1と1/2
にら	1/2束	酒	大さじ1
しいたけ	2個	なたね油	適宜

1 玉ねぎは薄く回し切り。キャベツはざく切り。にらは3㎝の長さに、しいたけは薄切り、油揚げは縦に半分に切って端から千切り。
2 鍋になたね油を温め、玉ねぎ・しいたけ・にら・キャベツ・油揚げを加えよく炒める。途中塩少々。
3 お湯3と1/2カップと調味料を加え、ビーフンを入れる。
4 沸騰したら中火にし、ビーフンがやわらかくなるまで煮込む。
5 水分がなくなったら最後になたね油少々を回しかけ、必要なら塩としょうゆで味を調える。

もう一品という時に、にらともやしの塩麹和え

4人分

にら	1/2束	人参	40g
もやし	1袋	塩麹	大さじ1と1/2

1 にらは熱湯でサッと茹で水気を切り、食べやすい長さに切る。
2 もやしも熱湯でサッと茹で水気を切っておく。
3 人参は千切りにし、サッと茹でておく。
4 材料をすべて混ぜ合わせ、塩麹で和える。

豆腐のにらあんかけ

4人分

絹豆腐	1丁	水	150cc
にんにく	1かけ	豆味噌（八丁味噌）	大さじ1
しょうが	1かけ	塩	ひとつまみ
エノキダケ	50g	酒	大さじ1
舞茸	60g	しょうゆ	大さじ1
人参	20g	みりん	大さじ1
にら	1/2束	葛粉	大さじ1
ごま油	小さじ1/2		

1 にんにくとしょうがはみじん切り。エノキダケは根元を取って1/2に切る。舞茸は食べやすい大さに、人参は千切り、にらは5㎝の長さに切る。
2 フライパンにごま油を熱し、にんにくとしょうがを炒める。
3 香りが立ったら、エノキダケ・舞茸・人参を加え炒める。さらににらを加えてサッと炒め、塩をふる。
4 水を加え沸騰したら調味料を加え煮る。葛粉を同量の水で溶いてとろみをつける。
5 1/4に切った豆腐を茹でて、水気を切る。器に盛り4をかける。

春を丸ごといただく アスパラポタージュ

4人分

玉ねぎ……………1個	水…………3カップ
アスパラ（中太）	塩麹………小さじ1
……12本（約260g）	白味噌……小さじ2
じゃがいも………2個	黒こしょう
なたね油…………適宜	……（好みで）少々

1 玉ねぎは薄く回し切り。アスパラは適当な長さで斜め切り。じゃがいもは皮をむいて薄切り。
2 鍋になたね油を温め、玉ねぎをじっくり炒める。途中塩少々（分量外）。
3 アスパラ・じゃがいもを順に加え炒め、水を加える。
4 やわらかくなったら、ブレンダーなどでなめらかにする。
5 塩麹・白味噌を加え味を調える。
6 器に盛り、好みで黒こしょうをふる。

アスパラ・しょうゆ・鷹の爪・ごま油 ……… それぞれ適宜

1 アスパラは斜めに切って、鷹の爪とともにごま油で炒め、しょうゆを回しかける。

アスパラのしょうゆ炒め

適宜

アスパラ………… 6本
餃子の皮……… 12枚
揚げ油・塩…… 適宜

1 アスパラは長さを1/2に切り、餃子の皮で巻く。巻き終わりを水で濡らして止める。
2 油でこんがりと揚げ、熱いうちに塩を振る。

おつまみアスパラスティック

4人分

アスパラ……… 10本
玉ねぎ………… 1/2個
しいたけ……… 2枚
しめじ………… 60g
マッシュルーム 1本
なたね油……… 適宜
豆乳……… 1/2カップ
塩……………… 少々
ハーブソルト…… 適宜

1 アスパラは固めに茹で1/2に切る。玉ねぎは薄い回し切り。しいたけとマッシュルームは薄切り、しめじはほぐす。
2 鍋に油を温め、玉ねぎを炒める。途中塩少々。きのこ類を加えてさらに炒めて豆乳を加え、塩・ハーブソルトで味を調える。
3 器にアスパラを並べ、2を上からかける。

アスパラのキノコソースがけ

4人分

しいたけのおいしさを シンプルにいただく照り焼き

4人分

しいたけ（どんこ） 12個
葛粉・ごま油………… 適宜
しょうゆ…………… 大さじ2
みりん……………… 大さじ2

1 しいたけは石づきを取っておく。
2 1に葛粉をまんべんなくまぶす。
3 フライパンに多めの油を温め、 両面ソテーする。
4 いったん取り出して、しょうゆとみりんでタレを作り、3の鍋に入れて温める。
5 1のしいたけを戻し入れて、タレをからめる。

＊お弁当用にと濃いめの味付けになっています。水を加えて好みの味にアレンジしてください。
＊取り除いた石づきは、細かく裂いてオーブントースターで焼いて、レモン汁としょうゆ少々で食べるとおいしい。

たっぷりレタスの生春巻き

3人分

生春巻きの皮……… 3枚
レタス………………… 3枚
塩蔵わかめ………… 60g
人参………………… 1/2本
プチトマト…………… 6個
A
練りごま………… 大さじ3
水……………………… 大さじ3
しょうゆ………… 大さじ1

1 レタスは洗って水気を切り、大きめにちぎる。
2 塩蔵わかめは水に浸して戻し、サッと湯がく。適当な長さに切る。
3 人参は斜めに長く薄切りにし、さらに細く切る。サッと湯がいてザルに上げる。
4 プチトマトは半分に切って、オーブントースターで15分加熱して、セミドライトマトにする。
5 生春巻きの皮は、水をくぐらせしっとりしたら、プチトマト・レタス・わかめ・人参の順に緩まないようにきっちり巻く。
6 Aは材料を全部加えてよく混ぜ合わせる。
7 5を斜めに半分にカットし、器に盛り、6を添える。

油揚げ………… 1/2枚
長ねぎ………… 1/4本
塩…………………… 少々

1 長ねぎは斜め薄切り、油揚げは短冊に切る。
2 1の油揚げはフライパンに油が移るように炒める。
3 長ねぎを加える。
4 塩を加えて、味を調えてできあがり。

＊面倒くさ〜い時はごはんにかけてそれで終わり。

簡単過ぎてごめんね、ねぎと油揚げの塩炒め

1人分

ごまねぎ味噌厚揚げ

P9のごまねぎ味噌を厚揚げにのせてオーブンで焼く。

意外？ 高野豆腐のエスカベッシュ

4人分

玉ねぎ……… 3/4個
人参……………… 60g
ピーマン………… 1個
高野豆腐……… 4枚
なたね油・葛粉
…………………… 適宜

A
しょうゆ……… 大さじ3
純米酢 大さじ1と1/2
みりん 大さじ1と1/2
塩…………… ひとつまみ
水………………… 大さじ1

1 野菜はそれぞれ千切りにする。
2 バットに1を入れ、Aを加え混ぜ合わせる。
3 高野豆腐は戻して絞り、食べやすい大きさに切る。
4 3に葛粉をまぶして、なたね油でカラッと揚げる。
5 すぐ2に加え、しばらくおいて味をなじませる。

＊時間が経った方が、味がマイルドになっておすすめ。

見た目もかわいいトマトのもちきびファルシー

5個分

- トマト（中）……5個
- 玉ねぎ……1/2個
- しめじ……30g
- セロリ……20g
- 人参……20g
- なたね油……適宜
- もちきび……1/4カップ
- 水……1カップ
- 塩……小さじ1/2
- 味噌……小さじ1/4
- パセリ……適宜

1 トマトはヘタを落として中身をくりぬく。
2 玉ねぎ・しめじ・セロリ・人参はみじん切り。
3 もちきびはよく洗ってざるに上げておく。
4 鍋になたね油を温め、2を炒める。 玉ねぎを炒めるときに塩少々（分量外）。1のくり抜いた中身も加える。
5 水を加え、沸騰したら3を入れる。
6 ふたをして弱火で15分加熱したら、塩と味噌を加えて混ぜ合わせ、再度ふたをして10分蒸らす。
7 1に6を詰め、オーブントースターで10分焼く。器に盛り、刻んだパセリを飾る。

＊詰め物はたくさんできるので、そのままリゾット風にして食べてもよい♪
＊もちきびは水が澄むまでよく洗う。

- 芽ひじき……10g
- 玉ねぎ……1/2個
- ごま油……適宜
- 塩……少々
- 水……適宜
- しょうゆ……大さじ1
- 白ごま……適宜

1 芽ひじきは洗ってザルに上げておく。玉ねぎは薄い回し切り。
2 鍋にごま油を温め玉ねぎを炒める。途中塩少々。
3 芽ひじきを加えてさらにひたひたの水を加え蓋をして煮る。
4 やわらかくなったらしょうゆを回しかけ、水気がなくなるまで煮る。
5 盛り付けて白ごまをふる。

ごはんにもパスタにも！ ひじき玉ねぎ

玉ねぎ……………………1個
なたね油・しょうゆ　適宜
塩………………… ひとつまみ

1 玉ねぎは薄い回し切りにし、甘い香りがするまでじっくり炒める（途中塩ひとつまみ）。しょうゆを回しかけよく混ぜ合わせる。

＊ごはんにかけて丼に。しょうゆを塩や味噌に変えてもおいしい。

何にも作る気がな〜い時は、玉ねぎのしょうゆ煮

作りやすい分量

切り干し大根
……………… 30g
きゅうり1/2本

A
ごまペースト 大さじ2
水……………… 小さじ2
梅酢…………… 小さじ1
しょうゆ……… 小さじ1

1 切り干し大根は洗って熱湯を回しかけ水気を切り、食べやすい長さに切る。きゅうりは斜めに切ってから千切り。Aで和える。

＊きゅうりの代わりに青菜でも。人参を加えると彩りもアップ！

切り干し大根ときゅうりのごまペースト和え

作りやすい分量

切り干し大根……… 20g

A
水………………… 1/4カップ
梅酢…………… 大さじ1/2
しょうゆ……… 大さじ1/2
鷹の爪………………… 適宜

1 切り干し大根は洗って、熱湯を回しかけてザルに上げておく。
2 Aを鍋に入れて一度沸騰させる。
3 1の水気を切って食べやすく切り、2と混ぜ合わせる。

食感を楽しむ切り干し大根のはりはり漬け

作りやすい分量

ウドとごぼうのサラダ

4人分

ウド………1本	A りんご酢　大さじ2
ごぼう……1本	レモン汁　大さじ1
人参……50g	なたね油　大さじ1
水菜・鷹の爪	塩………小さじ1/4
……………適宜	黒こしょう……少々

1 ウドは皮をむき、短冊に切り、水に放ってアクを抜いてから、軽く茹でる。
2 ごぼうは粗いささがきにして、軽く茹でる。
3 人参は千切りにして、軽く塩。水分が出たら絞る。
4 水菜は3cmくらいの長さに切る。
5 ドレッシングを作る。鷹の爪は小口切りにし、Aと混ぜ合わせる。
6 1・2・3・4を5で和える。

トマトとれんこんのナムル風マリネ

4人分

トマト…………2個	塩麹………小さじ1
れんこん……100g	にんにく……1かけ
大葉……………1枚	純米酢……大さじ1
ごま油　小さじ1/2	塩………ひとつまみ

1 トマトは食べやすい大きさに切る。れんこんも食べやすい大きさに切って蒸す。大葉は千切り。
2 すり下ろしたにんにくと調味料をすべて混ぜ合わせる。
3 2に1を加えて混ぜ合わせ、塩ひとつまみを加えて味をなじませる。

れんこんのねぎマリネ

4人分

れんこん……………280g
長ねぎ………………1/2本
なたね油……………適宜

A
純米酢……………大さじ2
しょうゆ…………大さじ1

1 れんこんは7mmくらいの厚さに切ってなたね油で炒める。長ねぎは小口切り。
2 1をAでよく和え、白髪ねぎ（分量外）をトッピングする。

＊れんこんに粉をまぶして揚げ焼きにしてもおいしい。

人参……………………………… 30g
塩………………………………… 少々

ドレッシング
なたね油・梅酢・しょうゆ・
粒マスタード……………… 適宜

1 人参は斜め薄切りにしてから千切りにし、塩少々を振ってしんなりさせる。
2 水分が出てきたらフライパンでからいりし少なめのドレッシングで和える。

人参のサラダ 粒マスタード風味 1人分

タケノコを洋風に！ レモン香る爽やかグリルサラダ 4人分

タケノコ（水煮）………… 150g
セロリ…………………………… 60g
アスパラ……………………… 5本
新玉ねぎ……………………… 1個
人参…………………………… 100g
カラートマト………………… 適宜
レモンの皮のすりおろし 少々

レモンバジルソース
オリーブオイル…… 大さじ2
乾燥バジル…………… 適宜
レモン汁…………… 大さじ1
ハーブソルト………… 適宜
こしょう……………… 少々

1 それぞれ食べやすい大きさに切り軽く塩をし、薄く油を塗ったグリルで焼く。人参は軽く茹で同様に。
2 調味料を全部混ぜ合わせレモンバジルソースを作り、1を和える。器に盛りレモンの皮をすりおろす。

大根……1/4本
人参……1/3本
セロリ……10cm
梅酢……50cc
純米酢……50cc
みりん……大さじ1
赤唐辛子……1本

1 野菜はそれぞれ5cmくらいの長さに棒状に切る。
2 調味料を混ぜ合わせる。
3 1と赤唐辛子を瓶に入れ、2を注ぎ、蓋をして振り、全体に調味液が混ざるようにする。

＊ 容器の大きさに合わせて野菜の分量を調整する。
＊ 残った調味液はドレッシング等に。

大根と人参のピクルス

作りやすい分量

さわやかに春を感じよう、いよかんとキャベツのサラダ

いよかん……1個
キャベツ……3枚

A
オリーブオイル 大さじ1
りんご酢……小さじ1
塩……ひとつまみ
白こしょう……少々

1 キャベツはサッと茹でて、一口大に切る。
2 いよかんは皮をむいて、実を房から取り出す。
3 Aをボウルに入れてよく混ぜ合わせ、1と2を和える。

＊柑橘類はお好きなもので。

じゃがいも…3個
人参……50g
スナップエンドウ……4個
パセリ……適宜

豆腐マヨネーズ
絹ごし豆腐 1/2丁（200g）
味噌……小さじ1
純米酢……大さじ1弱
粒マスタード……小さじ1/2
塩……適量
ハーブソルト……少々

1 じゃがいも・人参は蒸す。スナップエンドウはサッと塩茹で。それぞれ1cmくらいの角切りにする。
2 豆腐マヨネーズを作る。材料をミキサーかフードプロセッサーでよく撹拌する。
3 ボウルに1とみじん切りにしたパセリを入れ、2で和え、塩とハーブソルトで味を調える。

ポテトサラダ豆腐マヨネーズ

4人分

芽ひじきとお豆のサラダ　4人分

好みの豆数種
（茹でたもの）
……… 合わせて2カップ
芽ひじき………………… 5g
しょうゆ…… 小さじ1/2
サラダ菜…………… 適宜
スプラウト………… 少々

ドレッシング
なたね油………… 40cc
ごまペースト 小さじ1
玄米酢………… 小さじ2
梅酢……………… 小さじ1
塩……………………… 少々

1 芽ひじきは洗ってざるにあけ、サッと茹で、しょうゆをまぶす。
2 ドレッシングで、1と豆類を和える。
3 器にサラダ菜をしき、2をのせ、スプラウトをあしらう。

＊レッドキドニー・ひよこ豆・大豆・枝豆を使用。

芽ひじきのマリネ　2人分

芽ひじき………… 16g
絹さやいんげん 2枚

梅酢ドレッシング
オリーブオイル 25cc
梅酢…………… 大さじ1
バルサミコ酢 小さじ1

1 芽ひじきは洗ってサッと湯がき、ザルに上げて水気を切る。
2 絹さやいんげんは茹でて細切りにする。
3 ドレッシングの材料を混ぜ合わせ、1と和える。器に盛り、絹さやいんげんを飾る。

新じゃがをシンプルに！じゃがいものサラダ　2人分

じゃがいも……… 3個
パセリ・サラダ菜
……………………… 適宜

豆乳ドレッシング
豆乳………………… 50cc
塩麹……………… 小さじ1
なたね油………… 50cc
梅酢……………… 小さじ2
粒マスタード 小さじ1
塩・こしょう……… 適宜

1 じゃがいもは茹でて皮をむき、粗くつぶす。
2 豆乳ドレッシングの材料を全部混ぜ合わせ、1と和え、塩・こしょうで味を調える。
3 器にサラダ菜をしき、2をのせ、みじん切りにしたパセリをトッピングする。

＊豆乳ドレッシングは大根と玉ねぎのサラダにも合う。

甘酒のやさしい甘さでいちごシェイク

1人分

いちご……60g
玄米甘酒……50g
水（豆乳）……30cc

いちごはへたを取り、すべての材料をミキサーなどで混ぜ合わせる。

だれもが微笑むピンク色。いちごババロア

6人分

A
豆乳……1カップ
メープルシロップ……大さじ2
葛粉……大さじ1
寒天パウダー……小さじ1/4
塩……ひとつまみ
いちご……10粒

ソース用
いちご……3粒
（メープルシロップ　小さじ1/2）
レモン汁……少々
トッピング用いちご……適宜

1 いちごは洗ってへたを取り、ザルに上げて水気を切っておく。
2 Aのいちごはミキサーにかける。
3 いちご以外のAをすべて鍋に入れ、よく混ぜ、ふきこぼれないように注意しながら沸騰させる。
4 2を加えよく混ぜ合わせたら、型に流す。
5 ソース用のいちごをレモン汁とともにミキサーにかける。好みでメープルシロップを加える。
6 4に5をかけ、トッピング用のいちごを刻んで飾る。

完熟いちごのホットスイーツ

4人分

いちご……1パック

A
地粉……1/2カップ
アーモンドプードル　1/4カップ
BP……小さじ1
塩……ひとつまみ

B
メープルシロップ　大さじ2
豆乳……大さじ3
なたね油……大さじ1

1 いちごは洗ってヘタを取り、1個を適当にカットし、耐熱容器に詰める。
2 Aはふるって、Bはよく攪拌しさっくりと混ぜ合わせる。
3 1に2を蓋するようにのせ切り込みを入れ、190℃に予熱したオーブンで15分焼く。

りんごジュース……640cc
塩……ひとつまみ
寒天パウダー……3g
レモン汁……大さじ1
季節のフルーツ……適宜

1 りんごジュース・塩・寒天パウダーを鍋に入れ火にかけ、ホイッパーで混ぜながら2分以上沸騰させる。
2 火を止め、レモン汁を加え、混ぜる。
3 季節のフルーツを大きめにカットし、器に入れる。
4 3に2を注ぎ入れ、粗熱が取れたら冷蔵庫で冷やし固める。

＊今回は、いちご・キウイ・りんご・甘夏を使いましたが、お好きな旬の果物をどうぞ！

季節のフルーツを集合させよう！フルーツゼリー

5個分

ふるふるやわらかなめらか豆乳プリン

4人分

豆乳……2カップ
メープルシロップ……大さじ2
寒天パウダー……小さじ1/2
バニラエキストラクト……小さじ1/2
きなこ……適宜

1 きなこ以外を鍋に入れ、絶えずかき混ぜながら中火で沸騰させる。
2 弱火にしてさらに2〜3分かき混ぜる。
3 漉し器で2を漉しながら器に入れ、冷めたら冷蔵庫で冷やし固める。
4 きなこをかけていただく。好みで小豆も！

ソイクリームがアクセント、紅茶ゼリー

6人分

水……3カップ
寒天パウダー……小さじ1/2
葛粉……小さじ1
アールグレイ……10g
てん菜糖……80g

ソイクリーム
豆乳……120cc
メープルシロップ……30g
寒天パウダー……小さじ1/4

1 鍋に水と寒天パウダーを入れ沸騰させたら、アールグレイを入れて1分後引き上げる。
2 てん菜糖を加え、溶けたら火を止めて小さじ1の水で溶いた葛粉を加え、もう一度沸騰させたら器に流し入れる。
3 ソイクリームを作る。材料を全部鍋に入れてよく混ぜ合わせ、火にかけ沸騰したら火を止め、水を張ったボウルに鍋ごと入れ、混ぜながら冷ます。2にのせる。

バジルスティック
地粉……100g
バジル……小さじ2
塩……小さじ1/4
オリーブオイル 大さじ1
トマトミックスジュース
……50cc

黒ごまスティック
地粉……100g
黒ごま……大さじ1
塩……小さじ1/3〜1/2
なたね油……大さじ1
冷水……50cc

バジルスティック&黒ごまスティック

4人分

1 バジルスティックの作り方は、地粉と塩をボウルに入れ、油を加えて、手のひらで粉と油をすりあわせる。
2 1にバジルを混ぜる。
3 2にトマトミックスジュースを加えて、力を入れずにたたみ、まとめる。
4 まな板に打ち粉をして、生地を麺棒で12㎝幅の長方形にのばす。
5 4を8㎜幅に切って、天板に並べる。
6 170℃のオーブンで20分焼く。

＊黒ごまスティックの作り方も、バジルスティックと同じ。
＊おつまみ用に塩を効かせてあるので、単におやつとして食べるなら塩は少し控える。

地粉……200g
塩……小さじ1/2
なたね油……大さじ2
白ごま……大さじ2
玉ねぎ……80g
人参……30g

野菜をお菓子に変身　ベジクラッカー

82枚分

1 玉ねぎと人参はすりおろし、塩ひとつまみを混ぜる。
2 ボウルに地粉と塩を入れ、ホイッパーでよく混ぜる。
3 なたね油を加え、手のひらでこすり合わせるようにして油と粉を十分になじませる。
4 1と炒った白ごまを加え、こねないようにまとめる。
5 めん棒で3㎜の厚さにのし、5㎝×4㎝の長方形に切り、さらに三角に切る。
6 200℃のオーブンで約10分、焼く。

＊野菜の水分量が多い場合は軽くしぼって。少ない場合は水を少量足して調整する。
＊少し焦げ目がつくくらい、カリッと焼こう！

小正謹醸
玄米焼酎
35
小正謹醸
玄米焼酎
本格焼酎
6
CUPS
4

ビワ葉エキス

1 ビワの葉はよく洗って水気を拭く（新しい葉より古い葉の方がよい）。
2 ハサミで刻み瓶へ入れる。
3 35度の玄米焼酎をひたひたに注ぎ、蓋をして保存。3ヶ月くらいして茶色の液になったら使用できる。

＊取り出した葉はお風呂に入れてもよい。エキスは何年でも持つ。

こんな時に！

口内炎、歯痛、喉の痛みなど　※うがいをする場合は薄めて使う。
切り傷、虫刺され、火傷など　※そのまま患部に塗るか、湿布する。
打ち身　＊湿布する。
かゆみ、かぶれ、おでき、いぼ、湿疹、腰痛、肩こり、捻挫など　※直接患部に塗る。

＊子どもや症状に合わせて様子を見ながら、しみるようなら原液ではなく水で薄めたものを使用する。
＊効き目は人によって異なり、改善を保証するものではありません。

おまけのお手当て法

火傷に！ こうしておくと水膨れにならずにすむ。
ただし、油がはねたり、熱い鍋にちょっと触れてしまったくらいの軽い火傷に限る。

● ごま油 ＋ 自然塩
純正のごま油と自然塩を混ぜ合わせて患部に塗る。

ここ数年の夏の暑さったら！　まるで亜熱帯化しているような猛暑が続きます。

そんな環境下、カラダを冷やす食べ物が必要。畑にはぶら下がるお野菜たちがたくさん見受けられますが、これらはみんな陰性の特徴。トマトやナス、ピーマン、キュウリなどカラダをクールダウンしてくれる夏野菜を適度に取り入れましょう。食欲が落ちるこの時期、玄米など特に陽性のごはんは食べにくくなることが多いですが、そんな時は口当たりのよい麺類を食べるのもカラダの負担を和らげてくれるはず。ただ、暑いからと言って冷たいものの取り過ぎや陰性な野菜の取り過ぎには注意が必要です。たまに熱いものを食べて汗をかいたり、お腹を温めたりしましょう。

また梅干しには夏バテを防ぐ効果もあると言われています。汗で失われたミネラルを塩分で補給することも大切。精製された塩ではなくミネラルが含まれた自然塩をぜひ。秋口に鼻水や寒気などの風邪の症状が出るのは陰性の取り過ぎによるものです。そんな症状に悩まされることなく、夏の食事に気を付けて次へのシーズンに向かいたいですね。

なすとアボカドのごはん 4人分

土鍋炊き玄米ごはん	4杯分	なたね油	適宜
なす	3本	レモン汁	少々
アボカド	1個	A	
プチトマト	6個	しょうが、しょうゆ	適宜
ベビーリーフ	適宜	B	
大葉	2枚	バルサミコ酢	大さじ1
いりごま	少々	しょうゆ	大さじ1

1 玄米を土鍋で炊く。
2 なすは縦半分に切ってから、斜めに1cm幅で切る。
3 フライパンに多めの油を温め、2を炒め、火が通ったらAを回しかける。
4 アボカドは皮をむいて種を取り出し、食べやすい大きさに切り、レモン汁を振りかける。
5 プレートにごはんを盛り、ベビーリーフ・刻んだ大葉・3・4・プチトマトをバランスよく盛り、Bをかけていただく。

夏も煮込もう、トマトと車麩の煮込みハヤシライスfu〜 4人分

にんにく	1かけ	塩	ひとつまみ
玉ねぎ	1個	豆味噌	50g
完熟トマト	700g〜	なたね油	適宜
車麩	3枚	アスパラ	適宜
しめじ	100g		

1 にんにくはみじん切り。玉ねぎは薄い回し切り。トマトはへたを取ってざく切り。しめじはほぐしてから裂く。
2 車麩は素揚げして8等分にカット。
3 なたね油とにんにくを入れたフライパンを火にかけ炒める。
4 玉ねぎを加え、炒めながら塩少々を振る。
5 トマト・しめじ・車麩・塩・水120ccを加え、野菜に火が通ったら全体を混ぜ合わせ、車麩がやわらかくなるまで煮込む。
6 味噌を入れよく混ぜる。味がなじんだらできあがり。

*トマトの水分量で水の量は調整してください。

彩り焼き野菜丼 2人分

玄米ごはん	2人分	プチトマト	3個
カラーピーマン（赤・黄）	各1/2個	ベビーリーフなど	適宜
ピーマン	1個	白ごま	適宜
かぼちゃ7mm	6枚	なたね油	少々
なす	1本	塩	適宜
エリンギ	1本	タレ	
厚揚げ	1/2個	バルサミコ酢	大さじ2
		しょうゆ	大さじ2

1 カラーピーマンとピーマンはそれぞれ縦半分に切って、へたと種を取ったらさらに1/4に切る。
2 かぼちゃは7mm幅で6枚に。なすはへたを取って縦半分に切り、さらに1cmくらいに切る。
3 エリンギは半分に切ってから縦に薄く、厚揚げは縦半分に切って端から7mmの厚さに、プチトマトは縦に半分に切る。
4 それぞれの野菜とエリンギを途中塩少々を振りながら、少しの油をひいたフライパンで焼く。厚揚げも焼く。
5 器に玄米ごはんを盛り色のバランスを考えなら、盛りつける。
6 タレの材料を鍋に入れ、少し煮詰めてから5に回しかけ、白ごまをふる。

*どれも少し焼き目が付くくらいに焼く。

ワイルドに食べよう、玄米ピラフのレタス包み

4人分

玄米ごはん	茶碗4杯分	トマト	小1個
にんにく	1かけ	くるみ	大さじ3
玉ねぎ	1/2個	レタス	適宜
パプリカ（赤・黄）	各1/4個	ごま油	適宜
ピーマン	1個	味噌	大さじ1
なす	5cm	しょうゆ・塩	少々

1 にんにくはみじん切り。ほかの野菜は全部1cm角に切る。くるみは軽く煎って砕いておく。
2 フライパンにごま油を入れて火にかけ、香りがしてきたら玉ねぎを加えて炒めながら塩少々を振る。
3 なす・トマト・ピーマン・パプリカを順に加え、さらに炒める。
4 味噌を加えてよく混ぜ合わせる。
5 玄米ごはん・くるみを加えてよく混ぜ、塩・しょうゆで味を調える。
6 レタスを適当な大きさにちぎって5をのせる。

＊夏野菜はなんでもお好みのものを。
＊くるみは細かくしすぎないのがポイント。固い食感を楽しんで。
＊カレー味にしても！

彩りかわいいトマトのサフランライス

4人分

米	2カップ	にんにく	1かけ
サフラン	0.2g	玉ねぎ（大）	1/2個
塩	小さじ1/2	トマト	1個
水	1と3/4カップ	オリーブオイル	大さじ2

1 米は炊く30分前に洗ってザルに上げ、水気を切る。
2 サフランはお湯50ccに浸けておく。
3 にんにく・玉ねぎはみじん切り。トマトは縦1/2に切ってから1cm幅のくし形に切る。
4 鍋にオリーブオイル、玉ねぎを入れて火にかける。
5 よい香りがしてきたら、塩ひとつまみ（分量外）を加え、よく炒める。
6 米を加える。トマトも加えて混ぜ合わせる。
7 水と2、塩を加えて混ぜ合わせ中火かける。沸騰したら弱火にし10分加熱。
8 火を止め10分蒸らして混ぜ合わせる。

ねぎにら納豆ごはん

1パック分

納豆	1パック
ねぎにら*	3本
梅干し	1/2個
しょうゆ	適宜

1 ねぎにらはサッと茹でて細かく切る。
2 梅干しは種を取り、包丁で叩く。
3 納豆・ねぎにら・うめぼしにしょうゆを加えよく混ぜ合わせる。

★ねぎとにらを交配させて生まれた新野菜。糖分や鉄分、カロチンが多く含まれ栄養価が高く、しゃきしゃきとした歯ごたえがいい感じ。

ごまだれ冷やしそうめん　4人分

そうめん	400g
だしを取った干ししいたけと切り干し大根	適宜
ごま油	適宜
しょうゆ	小さじ2
すりおろししょうが	少々
ミディトマト	12個
きゅうり	1本

ごまだれ

基本のだし	1カップ
練りごま	大さじ5
しょうゆ	20cc
玄米酢	20cc
みりん	大さじ1
すりごま	大さじ1

1 だしを取った干ししいたけは石づきを取って回し切り。
2 切り干し大根は食べやすい長さに切る。
3 鍋にごま油を熱し、1と2を炒め、しょうゆとすりおろししょうがで調味する。
4 トマトは8等分。きゅうりは斜め千切り。
5 そうめんを茹で冷水にさらしてぬめりを取り器に盛る。
6 3と4をのせごまだれを回しかける。

夏と言ったら やっぱり冷やしそうめん

4人分

そうめん……… 400g
長ねぎ………… 1/2本
みょうが………… 2個
人参……………… 120g
大葉……………… 6枚
油揚げ…………… 2枚
基本のだし… 720cc
しょうゆ………… 72cc
（だしの1割）

1 そうめんは茹でて冷水に取りぬめりをとる。
2 人参は斜め薄切りにしたあと、斜め千切りにして塩少々を振り、しんなりさせる。
3 長ねぎは小口切り、みょうが・大葉は千切り、油揚げは油抜き後、千切り。
4 そうめんを器に盛り2と3をバランスよく盛りつけ、基本のだしにしょうゆを加えたつゆを回しかける。

基本のだし

昆布（5cm×5cm）… 3枚
干ししいたけ……… 3個
切り干し大根……… 6g
水……………………… 5カップ

1 容器にすべての材料を入れ、冷蔵庫で一晩おく。ザルで漉してできあがり。

＊切り干し大根はとっても甘いおだしができます。スープにも味噌汁にもおすすめ。

なすと舞茸のつけ汁

4人分

なす…………………… 2本
舞茸………… 1パック
なたね油…… 大さじ4
基本のだし· 4カップ
しょうゆ…… 大さじ3

1 なすは一口大に切る。舞茸は食べやすい大きさにほぐす。
2 鍋になたね油を熱し、1をしっかり炒める。
3 基本のだしを加えて煮、しょうゆも加えて味を調える。

＊地元栃木県では風味抜群な「ちたけ」が定番。手に入ったらぜひ！

ベジミートソース　4人分

- スパゲッティ……400g
- にんにく……1かけ
- 玉ねぎ……1個
- トマト……5個（550g）
- オリーブオイル……大さじ1
- 豆味噌……大さじ1と1/2
- 塩……小さじ1/4
- 油揚げ……1枚
- 生揚げ……1枚
- オレガノ・パセリ……適宜

1. にんにくと玉ねぎ・油揚げ・生揚げはみじん切り。トマトはへたを取ってざく切りにする。
2. フライパンに1のにんにくと玉ねぎを入れ、オリーブオイルを回しかけ中火にかける。
3. 香りがたって来たらトマトを加え混ぜ合わせる。途中塩少々（分量外）。
4. 豆味噌をのせふたをして沸騰したら弱火にして、トマトがやわらかくなるまで煮る（かき混ぜない）。
5. 味噌も水分を含んでふわっとしたら、初めて全体を混ぜ合わせる。
6. 1の油揚げと生揚げを加え、分量の塩も加えてとろみが付くまで煮詰める（木べらで混ぜたとき鍋底が見えるくらい）。
7. オレガノを振り、塩を適宜加えて味を整える（分量外）。
8. スパゲッティを茹でてたっぷり7をかけ、パセリのみじん切りを散らす。

ペンネ　コーン入りトマトソース　4人分

- ペンネ……250g
- にんにく……2かけ
- 玉ねぎ　小1個（120g）
- トマト……3個
- とうもろこし……1本
- ドライトマト……3個
- 鷹の爪……1本
- 塩……少々
- オリーブオイル……適宜
- 味噌……小さじ1/2
- ドライバジル……少々
- イタリアンパセリ……適宜

1. にんにくと玉ねぎは粗みじんに切る。
2. トマトはざく切りにし、ドライトマトは軽く戻して粗く切る。
3. とうもろこしは実をこそげ取る。
4. 鍋に1とオリーブオイルを入れて火にかけ炒める。途中塩少々。
5. 2を加え炒める。
6. 3と鷹の爪を加え、炒め合わせる。
7. トマトがくたっとしたら味噌と塩で味を調え、バジルも加える。
8. ペンネは指定時間より少し長めに茹でる。茹で上がったら水気を切りオリーブオイルを回しかける。
9. 7をかけイタリアンパセリをのせる。

郵便はがき

料金受取人払郵便

宇都宮
中央局承認
2675

差出有効期間
2025年4月30日
まで

（受取人）
栃木県宇都宮市本町10-3
TSビル

随想舎 行

社へのご意見、ご感想、希望される出版企画、その他自由にお書きください。

ご記入いただいた個人情報は、当社のDM以外に使用することはありません。

ご購読者カード

今回のご購入書籍名

お名前 　　　　歳（男・女）

ご住所（〒　　-　　）

お電話番号

ご職業または学部・学年

購入書店　郡・区 市　町

本書の刊行を何によってお知りになりましたか。

書店店頭　広　告（　　）　書　評（　　）　推　薦　寄　贈　ホームページ

購入申込書

このはがきを当社刊行図書のご注文にご利用下されば、より早く、より確実にご入手できます。

（書名）　定価　（　　）冊

（書名）　定価　（　　）冊

（書名）　定価　（　　）冊

*どちらかにしるしをつけてください。

□当社より直送（早く届きますが、送料がかかります。振込用紙を同封しますので商品到着後、最寄りの郵便局からお振込みください）

□書店を通して注文します。（日数がかかりますが、送料はかかりません）下記に記入してください。

ご指定書店名	書店	取次	（この欄は当社で記入しま
	県都府　郡・区 市　町		

夏だけのお楽しみ♪ トマトの冷製パスタ

4人分

カッペリーニ…… 200g
トマト…… 中4個
玉ねぎ…… 1/4個
にんにく…… 1かけ
バジル…… 適宜
ハーブミックス・塩・ドライオレガノ・オリーブオイル…… 適宜

1 トマトソースを作る。玉ねぎはみじん切り。トマトはさいの目に切る。
2 にんにくとオリーブオイルを鍋に入れ火にかけ、香りが出るまで炒める。
3 玉ねぎを加えさらに炒め軽く塩をする。トマトを加えてしばらく煮、ドライオレガノ・塩・ハーブミックスで味を整える。
4 パスタは茹でたあと流水でよく冷やし水気を切ってソースとからめる。 器に盛りさらにトマトソースをかけ、バジルを飾る。

＊カッペリーニは2分もあれば茹であがってしまう極細パスタ。ぬめりが取れるまでしっかり洗って。トマトの季節にぜひどうぞ!

しめじと水菜のクリームパスタ

4人分

スパゲティ…… 400g
にんにく…… 1かけ
玉ねぎ…… 1個
しめじ…… 200g
水菜…… 2束
人参…… 2/3本
白ワイン…… 大さじ4
豆乳…… 600g
オリーブオイル・塩・ハーブソルト…… 適宜
白味噌…… 大さじ2
黒こしょう…… 少々

1 にんにくはみじん切り。玉ねぎは薄い回し切り。しめじは手でほぐす。水菜は食べやすい大きさに切る。
2 人参は千切りにして塩を振って蒸し煮。
3 豆乳クリームソースを作る。オリーブオイルでを炒め、玉ねぎを加えて透明になるまで炒める。
4 水菜としめじを加えワインを振って、しんなりするまで炒める。
5 豆乳を入れ温まったら調味料を入れる。2を加える。
6 茹で上がったスパゲティを5に入れ、ソースを全体にからめ塩・こしょうで味を整えて器に盛る。

ひじきのショートパスタ

フジッリ…… 100g
玉ねぎ…… 1/8個
エノキダケ…… 1/4パック
しめじ…… 100g
芽ひじき…… 5g
塩…… 少々
練り梅…… 大さじ1/2
しょうゆ・水・オリーブオイル・純米酢 各大さじ1
クコの実…… 4個

1 玉ねぎは薄い回し切り。しめじ・エノキダケはほぐしておく。
2 芽ひじきは熱湯に通しザルに上げる。
3 フライパンにオリーブオイル（分量外）を熱し、玉ねぎ・エノキダケ・しめじの順に炒める。途中、塩少々を振る。
4 塩以外の調味料を混ぜ合わせる。
5 フジッリを茹で、オリーブオイル（分量外）を少々まぶす。
6 2・3・4・5をすべて混ぜ合わせ、器に盛り、戻して半分に切ったクコの実を飾る。

とうもろこし	2本	水	4カップ
玉ねぎ	1個	葛粉	大さじ2
なたね油	大さじ1	パセリ	少々
塩	小さじ1		

定番中の定番！ とうもろこしのスープ

4人分

1 とうもろこしは包丁でそいでおく。
2 玉ねぎはみじん切りにし、なたね油で炒め、途中塩（分量外）を振って甘みを出す。
3 1を2に加え炒め合わせたら、水ととうもろこしの芯を加えて煮る。
4 とうもろこしがやわらかくなったら、芯を取りだし、塩で味を調え、大さじ2の水で溶いた葛粉で軽くとろみを付ける。

*季節限定のスープ。お勧め度ナンバーワンです。芯を入れて一緒に煮ることで甘みがアップ。
*葛はじゃがいもデンプンなどが混ざっていない本葛粉を！ 整腸作用や身体を温める性質があります。デイリーに取り入れたい食材。なくてもOK。

もちきび	1/2カップ
とうもろこし	1本分
玉ねぎ（大）	1/2個
水	720cc
塩	小さじ1/2〜
パセリ	少々

軽食に、もちきびコーン

5〜6人分

1 もちきびは目の細かいザルで水がすむまでよく洗い水気を切る。
2 玉ねぎは回し切り。とうもろこしは実を外しておく。
3 2を炒める。途中塩少々（分量外）。
4 水を加え、とうもろこしの芯も加えて煮立たせる。
5 沸騰したら芯を取り除き、1を入れ、弱火で15分炊く。
6 炊きあがったら混ぜ合わせ、 塩で味を調え、蓋をして蒸らす。
7 器に盛り、刻んだパセリを散らす。

*もちきびはえぐみがあるので、しつこいくらいにきれいに洗おう。ナイスなとろみもつけてくれる。
*離乳食にはブレンダー（ミキサー）にかけるとよい。

トマトの冷製スープ

4人分

トマト………… 2個
バジル………… 4枚

A
オリーブオイル……… 大さじ2
白ワインビネガー…… 大さじ2
塩……………………… ふたつまみ
にんにくすりおろし…… 少々

1 トマトは切り込みを入れサッと熱湯に浸ける。冷水にとって皮をむきへたを取って角切りにする。
2 バジルは手でちぎってAの材料とよく混ぜ合わせる。
3 1と和える。

かぼちゃ 450〜500g（種を除いて）
玉ねぎ………………… 1個
水…………………… 1カップ
豆乳…………… 2カップ
塩・なたね油…… 適宜

1 かぼちゃは火が通りやすいように小さめに切る。玉ねぎは薄い回し切り。
3 鍋に油を温め玉ねぎを炒める。途中塩少々を振って甘味が出るまでしっかり炒める。
4 かぼちゃを加え炒め合わせる。水を加えふたをし煮る。
5 やわらかくなったらブレンダーで攪拌してなめらかにする。
6 豆乳をほんの少し残して投入。よく混ぜ合わせたら塩を加え、好みの味にする。
7 器に盛り、残した豆乳を垂らして仕上げる。

＊甘味を引き出すための塩は、ほんの少しです。

かぼちゃのクリーミースープ

6人分

カンタン重ね煮ラタトゥイユ

にんにく……………… 1かけ
なす…………………………… 2本
トマト………………………… 2個
ピーマン……………………… 2個
ズッキーニ…………………… 1本
玉ねぎ………………………… 1個
人参……………………… 1/2本
オリーブオイル……… 少々
塩……………………… ふたつまみ
水……………………………… 適宜
（しょうゆ）

1 にんにく以外の野菜はすべて一口大の乱切り。にんにくは薄切り。
2 厚手の鍋か土鍋にオリーブオイルを熱し、にんにくを炒める。
3 なす・トマト・ピーマン・ズッキーニ・玉ねぎ・人参の順に材料を重ねていき、塩を振ってふたをして中火くらいで煮る。
4 ぐつぐつしてきたらふたを取って様子を見て、水分が足りないようなら少量足し、再びふたをして蒸し煮にする。
5 野菜がやわらかくなったら、全体を大きく混ぜ合わせる。味をみて塩気が足りないようなら、塩で味を調える。好みでしょうゆを加えてもよい。

紫錦梅

青梅……………………… 2kg
焼き塩………………… 200g

1 梅は一晩水に浸けてアク抜き。
2 まな板の上で、木べらなどを使って叩き、種を取る。
3 実を小さめに手で裂き、塩をまぶして容器に入れる。
4 梅酢が上がってきたら、しそを入れる。

赤しそ………………… 200g
焼き塩…………………… 50g

しその葉はよく洗い水気を切る。分量の1/3くらいの塩でしそをよくもみ、
出てきたアクを絞って捨て、残りの塩を加えてよくもむ。梅の上に並べ保管する。

梅干しのように干す手間が省ける。
寝かせる時間が長いほど味がまろやかになる。
さまざまな料理にそのまま使えて便利。

焼きなすの香味だれ 4人分

なす	4本	A	
長ねぎ	15cm	酢	大さじ4
しょうが	1かけ	しょうゆ	大さじ2
にんにく	1かけ	白ごま	大さじ1
なたね油	適宜		
大葉	3枚		
みょうが	2個		

1 長ねぎ・しょうが・にんにくはみじん切りにし、Aと混ぜ合わせる。
2 大葉・みょうがは千切り。
3 なすは半分に切り、皮の方に格子に切れ目を入れる。
4 多めの油をフライパンにしき、3を焼く。
5 器に4を盛り、1をかけ、さらに2をのせる。

ひえと人参のコロッケ 4人分

じゃがいも	120g	塩・こしょう	適宜
玉ねぎ	50g	水	1カップ
人参	30g	地粉・パン粉・イタリアンパセリ	適宜
ひえ	50g		

1 じゃがいもはやわらかく茹でてから皮をむいてマッシュし、玉ねぎと人参はみじん切り。
2 ひえは目の細かい粉ふるいでよく洗ってから、水気を切っておく。
3 玉ねぎを十分炒めたら、人参も加えてさらに炒める。途中、塩少々を振る。
4 水を加え沸騰したらひえと塩少々を入れ約10分炊く。天地返しをして10分蒸らす。
5 1と4をよく混ぜ合わせ、塩・こしょうし人参の形に成形する。
6 溶き粉（地粉を水で溶いたもの）をつけてからパン粉をまぶし、カラッと揚げる。
7 上部に竹串で穴を開け、イタリアンパセリを人参の葉のように飾る。

＊ひえは水がきれいになるまでしつこく洗おう！ これで炊き上がりがおいしくできるかの重要なポイントになる。
＊雑穀は「湯炊き」と言って、沸騰した湯に入れて炊く。厚手の鍋がおすすめ。焦げつかないように弱火。ガスマットがあると便利。なければ焼き網で代用してもOK。

元リマクッキングスクール*の上級主任講師、川内翔保子先生の「お料理は視覚から入るから、おいしそうに見せるテクニックも必要！」という言葉をいつも頭の片隅に入れています。今回はキュートな人参の形をいただきました。
（★マクロビオティックの創設者、桜沢如一氏の妻里真さんが1965年に設立したもっとも伝統あるクッキングスクール）

お豆腐の
ねぎにらしょうゆがけ

豆腐・ねぎにら・しょうゆ………… 適宜

1 ねぎにらは細かく刻んで容器に入れる。
2 ねぎにらがかぶるくらいのしょうゆを注いでふたをする。
3 豆腐にたっぷりかけていただく。

＊すぐにでも食べられるけれど味がなじむとさらにおいしい。冷蔵庫に入れて1ヶ月くらいは大丈夫。
＊P45参照。にらでも代用可。

冷奴のピリ辛だれ
ミョウガのせ

4人分

豆腐	1丁	ごま	大さじ1
みょうが	1個	純米酢	大さじ1
大葉	3〜4枚	しょうゆ	大さじ2
長ねぎ	1/3〜1/2本	ラー油	小さじ1〜

1 豆腐は軽く水気を切り、冷やしておく。
2 みょうが・大葉は千切り。長ねぎは小口切りにする。
3 ごまは指先でひねって、ひねりごまにする。
4 調味料と3、2のねぎをよく混ぜ合わせる。
5 1を器に盛り、4をかけ、みょうがと大葉をのせる。

＊ラー油はお好みで調整して！

板麩の
チンジャオロースー

4人分

切り板麩	25g	ピーマン	3個
		赤ピーマン	1個
A		玉ねぎ	1/2個
しょうゆ	大さじ2	地粉	大さじ2
水	大さじ3	葛粉	大さじ1
おろししょうが	少々	塩・ごま油・なたね油	適宜

1 切り板麩はAに漬けて戻す。やわらかくなったら輪になっている部分を切り離す。
2 ピーマンは千切り。玉ねぎは回し切りにする。
3 分量の地粉と葛粉をよく混ぜて、汁気を切った切り板麩をまぶす。ごま油となたね油各大さじ1を合わせた鍋で、カラッと焼いて取り出す。
4 鍋になたね油を足し、ピーマンを炒め軽く塩をふる。さらに、玉ねぎを加えて炒める。
5 4に3を加える。残ったつけ汁を回しかける。味を整える。

＊板麩を加えてからは優しく天地返しを。そうしないと板麩がボロボロになる。
＊板麩は油で揚げても！

ソイミート………… 80g
しょうゆ……… 大さじ3
しょうが…………… 10g
水………………… 2カップ
全粒粉……………… 適量

1 ソイミートは80℃位のお湯に30分くらい浸して中心までしっかり戻し、水気を絞る。
2 水・しょう油・すりおろしたしょうがで漬け汁をつくり、1を入れてお皿などで重しをし、味をなじませる。
3 3を軽くしぼり、ビニールの袋に全粒粉を入れてよくまぶし、油でカラッと揚げる。

*冷や奴のピリ辛だれをかける用のレシピ(P55)なのでかなり薄味です。このまま食べるなら、もっと濃い味に調整してください。
*地粉や片栗粉、葛粉でもOK。
*残った漬け汁で大根をやわらかく煮てみて。

なんちゃって唐揚げ 6人分

長なすのカツレツを甘酸っぱいブドウソースで 2人分

長なす…………… 2本
地粉・水・パン粉・なたね油……… 適宜

ぶどうソース
ぶどう……………… 10粒
玉ねぎ…………… 1/4個
塩………… ひとつまみ
バルサミコ酢 大さじ1
しょうゆ……… 小さじ1

1 長なすは縦に1cmくらいの厚さにスライスする。
2 地粉と水を合わせた溶き粉に1をくぐらせ、パン粉を付け多めの油で揚げ焼き。
3 ぶどうソースを作る。材料をすべてミキサーにかけ鍋に移し煮詰める。
4 2を器に盛り、3をかける。

*バルサミコ酢はオーガニックのものをぜひ!

厚揚げの甘味噌煮

厚揚げ……… 1枚
いりごま…… 適宜

A
白味噌…………… 大さじ1/2
しょうゆ……………… 大さじ1
メープルシロップ 大さじ1
水……………………… 大さじ2

1 厚揚げは油抜きし、サイコロ状に切る。Aと一緒に鍋に入れ煮切る。器に盛り、いりごまをひねりながらかける。

かぼちゃのキッシュ 5人分

A
豆腐 1丁（450g）
葛粉……… 大さじ2
白味噌…… 大さじ1
塩麹…… 小さじ1/2
塩……… 小さじ1/2

B
玉ねぎ……………… 1/2個
人参………………… 1/2本
かぼちゃ…………… 1/8個
ぶなしめじ………… 200g
ズッキーニ（黄） 1/2本
ズッキーニ（緑） 1/2本
オリーブオイル・塩・こしょう…………… 適宜

1 豆腐は重しをして水気を切る（カチカチにしなくても大丈夫）。
2 1と残りのAをなめらかになるまで混ぜ合わせる。
3 野菜は全部食べやすい大きさに切る。ぶなしめじはほぐす。
4 鍋にオイルを温め、玉ねぎを炒める。途中塩を少々振る。
5 ぶなしめじを加える。途中塩を加える。
6 ズッキーニ・かぼちゃ・人参を加える。 塩・こしょうでしっかり目の味付けをする。
7 ふたをして野菜から出る水分のみで蒸し煮にする。焦げ付きそうだったら少し水を足す。
8 2と7を混ぜ合わせ器に入れ、180℃のオーブンで15分焼く。

＊野菜はお好みの種類・分量で！

車麩のガーリックソテー 4人分

車麩…………………… 4枚
にんにく…………… 2かけ
しょうゆ
……… 大さじ2と小さじ1
水………………… 大さじ9
葛粉・ごま油・ベビーリーフ……………… 適宜

1 にんにくはすりおろし、しょうゆと水で漬け汁を作る。
2 車麩を1に漬け中心部まで十分戻す。
3 2を4等分にそぎ切りにする。
4 3の水気を絞り葛粉をまぶす。
5 フライパンに多めのごま油をしき4をこんがりと焼く。
6 ベビーリーフとともに皿に盛る。

＊車麩はぜひ完全粉（全粒粉）の車麩を！
＊葛粉は袋に入れて混ぜるとまんべんなく付きます。

夏野菜のおろしサラダ　4人分

長なす……4本
パプリカ（赤・黄）　各3/4個
ピーマン……3個
枝豆……1/2カップ
（さやから出した状態で）
大葉……4枚
大根おろし……7cm分
しょうゆ……大さじ1
純米酢……大さじ2
なたね油……適宜

1 長なすは食べやすい大きさに切り、 パプリカ・ピーマンは5mm幅に切る。枝豆は塩茹でし、さやから豆を出しておく。
2 1のなすは素揚げにし、油を切っておく。
3 パプリカとピーマンを炒める。
4 大葉は千切り。
5 大根おろしと純米酢、しょうゆを混ぜ合わせる。
6 1から3を5で和え、器に盛り、4を散らす。

＊材料はなんでも、お好みの夏野菜で。
＊油をたくさん使ったお料理には大根おろしを。

夏野菜を思いっきり食べる、エスニックサラダ

作りやすい分量

人参・なす・ズッキーニ・かぼちゃ・トマト・きゅうり・水菜・ベビーリーフ・いんげん・大根・とうもろこし・アスパラ　すべて適宜

ドレッシング

アーモンドパウダー……… 25g
しょうゆ…………………… 小さじ2
オレンジジュース………… 40cc
にんにく(すりおろし)…… 適宜
七味唐辛子……… 少々
塩……………………… 適宜
すりごま…………… 少々

1 人参はスティックに切る。なすは縦1/2に切ってから斜めに1cm幅に、ズッキーニは1cmの輪切り。かぼちゃは幅1cmに切りさらに1/2に切ってそれぞれ素揚げにし、軽く塩をする。
2 トマトは一口大。きゅうりは斜めに切りさらに斜めに切って塩をする。水菜は5cmに。いんげんは塩茹でし、1本を1/4に切る。大根は薄い半月切りにし塩。とうもろこしは茹でて3cmの輪切り。アスパラは塩茹でし1本を1/4に切る。
3 水菜とベビーリーフを加え、1から2をバランスよく混ぜ合わせ、食べる直前にドレッシングをかけていただく。

＊ドレッシングはベースが甘いので、にんにく・七味唐辛子・塩で辛みを調整する。

トマトとアスパラのサラダ

2人分

トマト…… 2個
アスパラ 4本
大葉…… 2枚

ドレッシング

オリーブオイル　大さじ1と1/2
純米酢………………………… 小さじ2
塩……………………………… 小さじ1/3
こしょう……………………………… 少々
玉ねぎの粗みじん切り　大さじ1

1 トマトは食べやすい大きさに切る。アスパラはサッと茹で、食べやすい長さに切る。大葉は千切り。
2 1を器に盛り、ドレッシングを回しかける。

じゃがいものマスタードサラダ

4人分

じゃがいも………… 3個
パセリ………………… 適宜

A
豆乳……………… 大さじ3
粒マスタード　大さじ3
なたね油……… 大さじ3
しょうゆ…… 小さじ1/2
味噌………… 小さじ1/2

1 じゃがいもは茹でて、食べやすい大きさに切る。
2 Aはよく混ぜ合わせておく。
3 1と2、刻んだパセリを混ぜ合わせる。

かんぴょう入り ひよこ豆のサラダ

5人分

味付けかんぴょう	60g	塩	適宜
玉ねぎ	1/4個	トマト	少々
水	大さじ1	リーフレタス・キャベツ・レモン	適宜
ひよこ豆	120g		

1 味付けかんぴょうは粗いみじん切りにする。
2 ひよこ豆は煮て、マッシュする。
3 玉ねぎは粗みじんに切り、塩少々振って、水炒め*をする。
4 1と2と3を混ぜ合わせ、塩で味を調える。
5 リーフレタス、千切りキャベツ、スライスレモンをお皿にのせ、4をのせ、角切りにしたトマトをトッピングする。

★フライパンに水を少々入れ、そこに玉ねぎを入れてやわらかくなるまで炒め煮切る。

味付けかんぴょう（できあがり190g）

かんぴょう	40g	しょうゆ	大さじ2+小さじ1
にんにく	1かけ	水	1カップ
しょうが	1かけ		

1 かんぴょうはよく洗う。
2 にんにくとしょうがはおろす。
3 しょうゆと水を加えて1を煮る。

プチトマトのマリネ

4人分

プチトマト	2パック
バルサミコ酢	大さじ4
塩	ふたつまみ

1 プチトマトは包丁で切れ目を入れ、サッと熱湯に浸ける。
2 冷水にとってへたを残して皮をむく。
3 調味料を混ぜ合わせた器にへたを上にして浸す。
4 冷蔵庫で冷やしていただく。

一物全体！ スイカの皮のマリネ

3人分

スイカの皮	60g
玉ねぎ	30g
人参	20g
塩	少量

A

りんご酢	大さじ1
好みで粒マスタード	小さじ1

1 スイカの皮は果肉を取り薄く切る。玉ねぎは薄い回し切り、人参は千切り。
2 1に塩を振って混ぜ合わせ、しばらくおく。
3 2の水気を絞ってりんご酢で和える。

人参のラペ

作りやすい分量

人参……小1本
オリーブオイル……大さじ1
レモンの絞り汁……大さじ1
ハーブソルト・ミックスナッツ……適宜

1 人参は千切り。分量の調味料を混ぜ合わせ和える。
2 器に盛り、ミックスナッツをトッピングする。

海藻とアボカドと野菜たっぷりのサラダ

2人分

生わかめ・紅藻類・アボカド・アスパラ・スナップエンドウ・プチトマト・人参・ベビーリーフ・レモンなど、塩適宜

玉ねぎドレッシング

なたね油……50cc
梅酢……大さじ1
しょうゆ……小さじ1
玉ねぎ……1/8個
粒マスタード……小さじ1

1 わかめは洗って水気を切り、食べやすい大きさに切る。紅藻類は戻しておく。
2 アボカドは種を取って皮をむき、食べやすい大きさに切って、レモンの絞り汁を回しかけておく。
3 アスパラは茹でて食べやすい大きさに、スナップエンドウは茹でて開く、プチトマトは1/2に切る。
4 人参は薄い輪切りにし、軽く塩をまぶしておく。
5 ドレッシングの材料を器に入れて、ブレンダーなどで混ぜ合わせる。プレートに野菜を盛り付け、ドレッシングをかけていただく。

フルーツを楽しもうマチェドニア

約8人分

スイカ・いちご・夏みかん・キウイ・りんご・ブルーベリー・レッドグローブ（ぶどう）・メロン　適宜
レモン汁……少々

A
りんごジュース……300cc
みかんジュース……100cc

1 フルーツはそれぞれ適当な大きさに切る。
2 器に1を入れ、レモン汁をかけAを注ぐ。
3 冷蔵庫で冷やし味をなじませる。

エゴマのショートブレッド

- 地粉……………………1と3/4カップ
- アーモンドプードル　1/4カップ
- 塩……………………………小さじ1/4
- BP……………………………小さじ2
- なたね油……………………………60cc
- エゴマ…………………………大さじ1
- メープルシロップ………大さじ2

1. 粉類をボールに入れ、ホイッパーでよく混ぜる。
2. なたね油を加える。両手の平ですり合わせるようにして油をなじませる。
3. エゴマを加える。メープルを加え、混ぜる。水分が足りないようならここで加減しながら足す。
4. ショートブレッド風に形を整える。表面に竹串のとがってないほうで穴を開ける。180℃で予熱しておいたオーブンで約30分焼く。

＊オーブンで焼く時間は機種によって異なるので、短めにセットして様子を見ながら焼いて行こう！

＊「エゴマ」はゴマではなくしそ科の植物。たんぱく質・繊維・カルシウム・ビタミンB1・B2・ナイアシン等が豊富。特に鉄分と脂質の「α-リノレン酸」が多く含まれているので、生活習慣病の予防や症状改善に効果があると言われている。

＊油を量った計量カップは粉洗いをしよう！油を全部混ぜ合わせる前に粉を少量とっておいて、粉で油を拭くようにするとあとはお湯で洗うだけですっきりきれいに。洗剤を使わない、水を汚さない！

A
地粉……………… 100g
BP……………… 小さじ1
ハーブソルト 小さじ1
ディル(刻んで)
……………… 小さじ2
ドライバジル
……………… ひとつまみ

B
豆乳……………… 110cc
蒸したとうもろこし
……………… 1カップ

とうもろこしの蒸しパン 6個分

1 AとBはそれぞれよく混ぜ合わせる。その後両方をさっくりと混ぜ合わせる。
2 プリンカップにグラシン紙をセットし、1を入れ、蒸し器で約10分蒸す。

*甘いとうもろこしだからこそあえて甘味は加えず。

A
地粉……………… 100g
BP……………… 小さじ1
塩………… ひとつまみ

B
豆乳……………… 100cc
メープルシロップ 40g
バニラエクストラクト
……………… 小さじ1/2

なたね油　適宜

パンケーキ 2人分

1 Aはすべてザルに入れふるう。Bはよく混ぜAと混ぜ合わせる。
2 フライパンになたね油を薄く敷き、1を流し入れ蓋をして弱火で約4分焼く。返して3分焼く。
3 2枚焼き、フルーツソース(P64)をたっぷりかけていただく。

フルーツカスタード　4人分

メロン・オレンジ・キウイ（グリーン＆ゴールデン）・バナナ・いちご・ぶどう・りんご・パイナップルなど好みのフルーツ　適宜

カスタードクリーム

豆乳……1カップ
メープルシロップ……大さじ2
地粉……大さじ1/2
葛粉……大さじ1/2
寒天パウダー……小さじ1/6
塩……ひとつまみ
バニラエクストラクト……小さじ1

1 フルーツは数種類用意し、食べやすい大きさにカットする。
2 カスタードクリームを作る。バニラエクストラクト以外の材料を鍋に入れ、よく混ぜ合わせる。
3 火にかけ絶えずかき回し、焦げないように注意する。
4 沸騰したら火を止め、バニラエクストラクトを加え混ぜ合わせ、冷やす。
5 1を皿に盛り、冷やした4をかけていただく。

フルーツソース　2人分

メロン……100g
いちご・ブルーベリー・ポンカン・バナナなど季節のフルーツ 適宜

A
葛粉（微粉末）……小さじ2
みかんジュース……大さじ6
塩……ひとつまみ

1 フルーツは食べやすい大きさにカットする。
2 Aを鍋に入れ、よく攪拌し、弱火にかけよく混ぜ合わせる。
3 とろみがついたら1を入れまんべんなく混ぜる。

＊P63のパンケーキにたっぷりのせて。

今夏はこれで決まりだね ジェラート

6人分

バナナ……1本
ブルーベリー……1/2カップ
ぶどう……1/2カップ

1 フルーツはそれぞれ冷凍する。
2 すべてを混ぜ合わせ、ミキサーなどにかけなめらかにする。
3 素早く器に盛りつける。

バナナジェラート

5人分

1 バナナは輪切りにし、レモン汁を振りかけ、冷凍庫で凍らせておく。
2 バニラエキストラクトとバナナ以外の材料を鍋に入れて、ホイッパーでよく混ぜ合わせる。
3 鍋を中火にかけホイッパーでよく混ぜながら沸騰させ、弱火にしてさらに2〜3分かき混ぜる。
4 火を止めバニラエキストラクトを加え、フードプロセッサーかグラインダーで攪拌する。
5 蓋付きの容器に流し入れ、粗熱が取れたら冷凍庫に入れる。
6 固まったら容器から取り出して包丁でカットし、1のバナナを加えてなめらかになるまでフードプロセッサーかグラインダーにかける。

豆乳……300cc
りんごジュース……50cc
みかんジュース……50cc
メープルシロップ 大さじ2
塩……ひとつまみ
葛粉（微粉末）……大さじ2
バニラエキストラクト 小さじ1
完熟バナナ……2本〜
レモン汁……適宜

バナナチョコアイス

約8人分

バナナチョコクリーム
完熟バナナ……2本
甘酒……100g
ココア……大さじ1
なたね油……小さじ1

1 バナナチョコクリームを作る。材料を全部器に入れフードプロセッサーなどでよく攪拌する。
2 器に移し替え、冷凍庫で固める。

＊カチカチにはならないので、食べるときにかき混ぜる程度で、トロッとした食感になります。ジェラートよりのシャーベットって感じでしょうか。

基本のジンジャーシロップ

作りやすい分量

しょうが……600g
てんさい糖……200g
メープルシロップ　100g
シナモンスティック　1本
クローブ……8粒
カルダモン……8粒
ローリエ……1枚
レモン汁……大さじ2

1 しょうがはよく洗って皮ごと薄くスライス。
2 鍋に1とてんさい糖、メープルシロップを入れて1時間くらいおく。水分が出る。
3 水分が出てきたら、レモン汁以外を加えて中火にかける。（シナモンスティックは折って入れる）
4 沸騰したら弱火にし、約20分煮て火を止める。
5 冷めたら、レモン汁を加える。
6 ザルで漉す。残ったしょうがは手でギュッと絞る。
7 漉したシロップを煮沸したガラス瓶などの保存容器に入れて、冷蔵庫で保存する。

＊冷蔵庫に入れて1週間くらいで使い切る。

しゅわしゅわを楽しもう、ジンジャーエール

1人分

ジンジャーシロップ……大さじ2
炭酸水……1カップ
レモンスライス……適宜

ジンジャーティー 1人分

ジンジャーシロップ…… 大さじ2
紅茶…………………………… 150cc

ジンジャーチップス

P64の基本のジンジャーシロップのしょうがを半日干す。

ジンジャーゼリー 4個分

A ジンジャーシロップ………………… 大さじ6
水………………………………………… 240cc
寒天パウダー…………………………… 1.0g

シロップで使用したしょうがのみじん切り
……………………………………………… 小さじ2
シロップで使用したしょうがの薄切り 4枚
ミント…………………………………………… 4枚

1 Aをすべて鍋に入れ、よく混ぜ合わせてから火にかけ、沸騰させる。
2 鍋のまま冷やし固める。
3 みじん切りにしたしょうがを器に入れる。
4 2をスプーンですくって3に入れる。
5 スライスしたしょうがをトッピングし、ミントを飾る。

マンゴー………………… 1個
甘酒………………… 大さじ2

1 マンゴーは種と皮を取り除き、適当な大きさにカットする。
2 容器に1と甘酒入れミキサーなどでよく攪拌する。容器に分け入れ、冷凍庫で凍らせる。

マンゴーアイスキャンディー

作りやすい分量

たっぷり1人分

マンゴー……60g
パパイヤ……60g
バナナ……50g
氷……50g

1 果物はすべて皮をむき、種を取り除く。
2 1と氷をミキサーに入れ、なめらかになるまで攪拌する。

気分はトロピカル スムージー

マンゴー……1個
バナナ……2本

1 マンゴーは種と皮を取り除き、バナナも皮をむき適当な大きさにカットする。
2 1を容器に入れ、冷凍庫で凍らせる。ミキサーで攪拌する。

＊溶けやすいので、すぐに食べる。
＊マンゴーとバナナの割合はお好みで調整してください。

マンゴージェラート

5人分

マンゴー……200g
みかんジュース……100g
寒天パウダー……1.5g

1 マンゴーは皮と種を取り除き、ミキサーなどでとろとろに攪拌する。
2 1と他の材料を鍋に入れ、かき混ぜながら沸騰させる。器に流し入れ、冷蔵庫で冷やす。

マンゴーのとろんとろんゼリー

3個分

メロン………… 1/2個
バナナ……………… 2本

1 バナナは適当に切って、冷凍しておく。
2 メロンは適当にカットする。
3 すべてをミキサーに入れ、攪拌する。

おまけレシピ（2人分）

メロン………… 1/4個
人参………………… 30g
氷……………………… 5個

1 メロン、人参は適当にカットする。
2 すべてをミキサーに入れ、攪拌する。

夏の到来！ メロンスムージー 3人分

メロンゼリー 5人分

1 メロンは皮をむいてミキサーにかける。
2 りんごジュース、寒天パウダーを鍋に入れ、沸騰させる。
3 2に1を加え混ぜ合わせる。型に流し入れ冷やし固める。
4 ピュレを作る。材料を鍋に入れ、よく混ぜ合わせてから火にかけ、トロッとさせる。
5 3を型から取りだして器に盛り、角切りのメロンをトッピング。回りにいちごの角切りを飾りミントをのせる。

＊ピュレはゼリーの上にかけてもよい。

メロン（正味）……………… 330g
りんごジュース………………… 70cc
寒天パウダー……………… 小さじ1
メロン（角切り）……………… 少々
ミント・いちご…………………… 適宜

ピュレ
メロン……………………………… 50g
葛粉（微粉末）………… 小さじ1
メープルシロップ　小さじ1/2
レモン汁……… 小さじ1/8個分

メロン（正味）………… 300g
豆乳………………………… 1カップ
メープルシロップ…… 大さじ2
葛粉（微粉末）……… 大さじ1
寒天パウダー……… 小さじ1弱

メロンババロア

6人分くらい

1 皮と種を取り除いたメロンはブレンダーなどで攪拌する。
2 メロン以外を鍋に入れよく攪拌し、弱火にかけ沸騰させる。
3 2に1を加え、よく混ぜ合わせ容器に流し入れる。
4 固まったらカットしたメロン（分量外）をトッピングする。

＊完熟したメロンは、種を取る段階で果汁があふれるので、ザルで漉して無駄なくいただきましょう♪

スイカとメロンのプルルンゼリー

約6人分

スイカ・メロン……適宜
りんごジュース……320cc
塩……ごく少量

A 寒天パウダー……1g
　葛粉（微粉末）……小さじ3強

1 スイカとメロンは食べやすい大きさに切る。
2 鍋にりんごジュースとAを入れてホイッパーでよく混ぜ合わせ、火にかけ沸騰させる。その間絶えずかき混ぜる。
3 塩を入れて火を止める。
4 1を入れて混ぜ合わせ、器に入れて冷蔵庫で冷やす。

＊Aは必ずよく溶かしてから火にかける！

ダブルぶどうのフルーティーゼリー

4人分

1 ぶどうは皮をむいて、種を取る。
2 鍋にりんごジュースと寒天パウダーを入れ、よくかき混ぜ、火にかける。
3 沸騰したら火を止め、1とレーズンを加え、混ぜ合わせる。
4 器に流し入れ、粗熱が取れたら冷蔵庫で冷やす。
5 固まったら飾りのぶどうを1/2にカットして、トッピング。

ぶどう……20個
りんごジュース……300cc
レーズン……20g
寒天パウダー……小さじ3/4
飾り用ぶどう……4個

しゅわしゅわな炭酸＋濃厚ぶどうゼリー

4人分

ぶどう……9個
ぶどうジュース……380cc
寒天パウダー……小さじ1弱
アップルタイザー……適宜

1 ぶどうジュースと寒天パウダーを鍋に入れ、よく混ぜ合わせてから沸騰させる。
2 器に皮と種を取り除いたぶどうを入れる。
3 2に1を注ぎ入れ、冷やし固める。
4 グラスに3を入れアップルタイザーを注ぐ。

＊ぶどうジュースは、無添加のストレート果汁を！
＊アップルタイザー（果汁100%の炭酸飲料）を使用しているので、甘みが強いです。ただの炭酸でも可。

葛りんご　4人分

りんご…………………250g
葛粉…………………大さじ1
塩……………………………少々
水……………………1カップ

1 りんごは8等分のくし形に切る。
2 水に塩を入れて、1のりんごをくぐらせる。塩水はとっておく。
3 1を鍋に入れ、蓋をして蒸し煮。水分が足りないようなら、少量の水を足す。
4 りんごが透き通ってきたら、2の水を大さじ2で溶いた葛粉を入れてりんごに絡ませるようにして煮る。

＊葛は完全に透明になるまで火を入れて。
＊りんごにも葛にも整腸作用があるので、おなかの弱い方のおやつにも。
＊くたくたに煮ればジャムに。

りんごの葛ドリンク

りんごジュース…100cc
葛粉……………小さじ1強

1 鍋にりんごジュースと葛粉を入れてよく溶かす。
2 溶けたら火にかけ、絶えずかき混ぜながらとろみがつくまでしっかり火を入れる。

＊葛の分量はお好みで調整してください。

葛湯

本葛粉……………大さじ1
水……………………1カップ
塩……………………微小量

1 分量の水で葛粉をよく溶き、塩を加え、やや強めの弱火にかける。
2 かき混ぜながら透明なるまで火を入れる。

＊解熱、整腸に。

葛練り

本葛粉………約大さじ3
水……………………1カップ
塩…………………………少々

1 分量の水で葛粉をよく溶き、
　塩を加え、火にかける。
2 透明になるまで火を入れる。

＊下痢や整腸に。

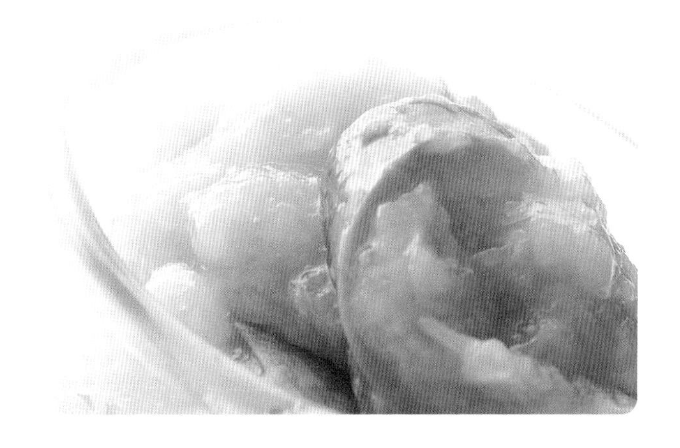

秋

植物の種子が実り、次の世代へ命をつなぐ季節。日本人の主食である米が取れるのもこの時期ですね。根菜や豆など陽性の野菜が採れ始めるのも冬の寒さに備えて必要だから。自然とは実にうまく巡っていると実感します。食欲も増すこの時期、おいしいものがたくさんでつい食べ過ぎてしまいがち。そんな時は一旦お箸を置き、しっかり噛みましょう。よく噛むことで満足感が得られ食べ過ぎも防げます。何より咀嚼は第一の消化。胃の負担もやわらげます。

ですが、食べ過ぎたと思ったら大根を！ 消化の手助けをしてくれます。そして、食べた分カラダを動かすことも忘れずに。代謝アップをはかりましょう。

秋はまた乾燥も気になる季節。風邪をひきやすくなったりするので免疫力を低下させないよう根菜類、発酵食品を積極的に取りたいですね。

ごはんのおいしい季節は混ぜごはん　4人分

玄米ごはん……4杯分
ごぼう（細）……40g
干ししいたけ（大）……1個
れんこん……30g
人参……20g
油揚げ……1/2枚
いんげん……2本
ごま油……適宜
しょうゆ……大さじ1と1/2

1 ごぼうはささがき、れんこんは薄いいちょう切り、人参は斜め千切り、干ししいたけは戻して回し切り、油揚げは油抜きして短冊切り。
2 いんげんは塩茹でし斜めに切る。
3 1を順に炒め、しいたけの戻し汁220ccで煮る。やわらかくなったらしょうゆで味をつけ、煮汁が少し残るくらいに煮る。
4 玄米ごはんに4を混ぜ、器に盛り、3を飾る。

車麩の葛揚げ丼 4人分

玄米ごはん	どんぶり4杯分
車麩	4枚
葛粉	適宜
青梗菜	2株
塩	適宜
なたね油・長ねぎ・ごま	適宜

A

にんにく	2かけ
しょうが	2かけ
長ねぎの青い部分	2本分
水	360cc
しょうゆ	大さじ4

1 にんにく・しょうがは薄切り、ねぎの青い部分は斜めに切る。
2 Aを合わせて漬け汁を作り、車麩を浸し中心までしっかり戻す。
3 2の車麩を軽く絞り、4等分する。
4 3に葛粉をまぶし、多めのなたね油で揚げ焼きにする。
5 2の漬け汁から、にんにく・しょうが・長ねぎを取り除き、約1/2量を鍋に入れて沸騰させる。
6 4を入れ、煮汁を含ませる。
7 青梗菜は洗って食べやすい大きさに切る。
8 フライパンに水を少量入れて火にかけ、沸騰したら7を入れて水炒めにする。
9 途中、軽く塩をし、ふたをして蒸し煮にする。
10 長ねぎは白髪ねぎにする。
11 どんぶりにごはんを盛り、9をのせ、さらに6をのせ、10をトッピングし、最後にごまをひねってふりかける。

*車麩はぜひ完全粉（全粒粉）の車麩を！ 食感がまるで違います。

根菜チャーハン 4人分

玄米ごはん	4杯分
ごぼう	15cm
玉ねぎ	1/2個
人参	2cm
れんこん	2cm
塩・ごま油	適宜
しょうゆ	少々
（白ごま 適宜）	

1 ごぼうは薄い小口切り。他の野菜は粗みじんに切る。
2 ごま油を温め、ごぼう・玉ねぎ・れんこん・人参の順にしっかり炒める。途中、塩少々をふる。
3 玄米ごはんを加え、さらに炒め、塩としょうゆで味を調える。
（4 白ごまをふって混ぜ合わせる。）

野菜のあんかけごはん 2人分

玄米ごはん	2人分	人参	50g
しょうが	1かけ	油揚げ	1/2枚
長ねぎ	1/2本	だし汁	500cc
エリンギ	1本	塩	小さじ1
エノキダケ	30g	しょうゆ	小さじ1
かぶ	1個	葛粉	大さじ2
れんこん	15g	なたね油	適宜

1 しょうがは千切り。ほかの野菜は7mm角くらいに切る。
2 鍋に油をしきしょうがを炒める。
3 香りが立ってきたらねぎ・エノキダケ・エリンギ・かぶ・れんこん・人参・油揚げの順に炒める。
4 だし汁を加え野菜がやわらかくなったら塩としょうゆを加える。
5 葛粉を同量の水で溶いて、4に回しかける。
6 味をみて、塩気が足りないようなら足す。

ゆば丼 2人分

玄米ごはん	2人分	タレ	
生ゆば	2人分	だし	150cc
大葉	2枚	しょうゆ	小さじ2〜3
小ねぎ	2本	みりん	小さじ2
おろししょうが	適宜	塩	少々
		葛粉	小さじ2

1 タレの材料をすべて鍋に入れ、よく混ぜ合わせてから火にかけ、とろりとさせる。
2 玄米ごはんを器に盛り、大葉をのせる。
3 生ゆばをのせ、1をかけ、小口切りにした小ねぎをたっぷりのせる。
4 おろししょうがを真ん中にのせる。

＊固形の葛粉を使う場合は、調味料の中にしばらく放置し、やわらかくなったらよくかき混ぜて、溶かしてから火にかけること。

カラダ温める根菜ごはん

4人分

玄米ごはん	4人分	ごま油	適宜
ごぼう	100g	しょうゆ	大さじ2
れんこん	70g	水	2カップ
人参	50g	すりごま	適宜

1 ごぼうはささがき。れんこんは薄い半月切り（太い場合はイチョウ切り）。人参は千切り。
2 鍋にごま油を温め、ごぼうをよく炒める。
3 2を鍋端に寄せ、れんこんを入れて軽く炒めてから2と炒め合わせる。
4 人参を加え、さらに炒め合わせる。
5 水を注ぎ入れ、野菜がやわらかくなったらしょうゆを入れほとんど煮汁がなくなるまで煮る。
6 ごはんと5を混ぜ合わせ器に盛り、すりごまをかける。

＊煮物としてもOK。その場合は煮切る。しょうゆは調整してください。

ひじきとれんこんの混ぜごはん

4人分

1 ひじきは洗ってザルに上げる。
2 れんこんは4つ割りにして薄いイチョウ切り、節の部分は透けて見えるくらい薄く切る。
3 人参と油抜きした油揚げは千切り。
4 鍋にごま油を温め、れんこんを炒め、1、3を順に加え炒める。
5 水をひたひたに加え、材料がやわらかくなるまで煮る。
6 鍋肌からしょうゆを回しかけ、煮汁がなくなるまで煮る。
7 炊きたてのごはんに混ぜる。

＊ひじきは水にさらさないでサッと洗ってザルに上げるだけでOK。煮ながらしっかりもどしていくので、旨みも栄養分も流失しない。
＊混ぜごはんなので、濃いめの味付けです。お総菜として食べるならしょうゆを減らしてください。

玄米ごはん	4人分	油揚げ	1/2枚
長ひじき	8g	ごま油	適宜
れんこん	40g	水	1カップ強
人参	30g	しょうゆ	大さじ1

厚揚げの甘煮ごはん

4人分

玄米ごはん	4人分
厚揚げ	2枚
小松菜	1/2束
油揚げ	1枚
長ねぎ	1/2本
ごま油	少々
ごま	適宜

A

しょうゆ	大さじ2
りんごジュース	60cc
人参のすりおろし	大さじ1
塩	少々

1 厚揚げは油抜きし、縦1/2に切りさらに1cmくらいの厚さに切る。Aの調味料で煮る。
2 小松菜は食べやすい長さに切る。油揚げは油抜き後、回りを切り落とし、縦半分に切って1cm幅くらいに切る。切り落とした部分も同じ大きさに切る。
3 長ねぎは白髪ねぎにする。
4 2をごま油で炒める。途中、塩少々。
5 ごはんを器に盛り、4をのせ、さらに1をのせ、3をてん盛りにし、ごまをふる。

厚揚げと白菜の中華丼風

4人分

玄米ごはん	4杯分	乾燥きくらげ	6g
にんにく	1かけ	戻し汁+だし汁	480cc
厚揚げ	2枚	人参	50g
しょうが	1かけ	しょうゆ	大さじ3
白菜	4枚	干ししいたけ	2〜3枚
赤唐辛子	1本	塩	小さじ1/2
長ねぎ	1本	葛粉	大さじ4
なたね油	適宜		

1 厚揚げは油抜きし、横を1/2に切ってから1cm幅に切る。白菜は芯は削ぎ切り、葉は食べやすい大きさに切る。長ねぎは薄く斜め切り。きくらげは水で戻してざく切り。干ししいたけは水で戻して1/4等分に切る。人参は5mm厚さの半月切り。
2 にんにく・しょうがはみじん切り。赤唐辛子は小口切り。
3 鍋にしょうが・赤唐辛子・なたね油を入れて熱し、香りが出てきたら長ねぎ・白菜の葉・芯・人参・きくらげ・干ししいたけを順に入れ炒め、厚揚げも加える。途中、塩少々をふる。
4 3にしいたけの戻し汁とだし汁を合わせて注ぎ入れ、煮る。材料に火が通ったらしょうゆと塩で調味する。
5 4に水大さじ2と1/2で溶いた葛粉を回し入れ、とろみをつける。

お腹にやさしい 小豆玄米がゆ

8人分

1 玄米は乾いたふきんでふき、きつね色になるまで煎る。小豆は洗ってザルに上げる。
2 圧力鍋に1と水、塩を入れ、中火にかける。
3 蒸気が出てきたら蛍火にして30〜40分炊く（活力鍋の場合）。
4 火から下ろし、圧が抜けるまで自然放置。

＊写真は7倍の水分量で炊いたもの。

玄米	1合	水(玄米の7〜10倍)	9カップ
小豆	45cc	塩	小さじ1/3

ごはんよりあっさり 実そば雑炊

4人分

実そば	1/2カップ	なたね油	適宜
大根	100g	だし汁	4カップ
人参	50g	塩	小さじ1/2
里芋	1個	しょうゆ	大さじ1
しめじ	60g	わけぎ	適宜
油揚げ	1/2枚		

1 実そばは固く絞ったふきんで表面を拭き、フライパンで軽く煎る。
2 里芋は皮をむいて塩でもみ、洗い流して1cm幅くらいに切る。
3 大根・人参は薄いイチョウ切り、しめじはほぐし、油揚げは油抜きして食べやすく切る。
4 だし汁に大根と人参・しめじを入れて煮る。
5 4にほぼ火が通ったら、1と2、3、油揚げを加え、さらに中火で15分煮る。
6 塩、しょうゆで調味し、わけぎの小口切りを散らす。

高野豆腐と野菜のあんかけ丼

3人分

玄米ごはん	3人分	わかめ	5g
大根	80g	ごま油	適宜
人参	25g	昆布だし	450cc
カボチャ	35g	塩	小さ1/2
高野豆腐	1枚	しょうゆ	小さじ1(と1/2)
しめじ	50g	葛粉	大さじ2

1 大根・しめじ・人参は7mmの角切り、かぼちゃは1cm角、高野豆腐も戻して7mm角に切る。わかめは食べやすい大きさに。
2 ごま油でわかめ以外の1を炒める。昆布だしを加え、やわらかくなるまで煮る。
3 塩・しょうゆを加え、わかめも加える。葛粉を大さじ1の水で溶いて回しかけ軽くとろみをつける。
4 3をごはんにたっぷりかけていただく。

丸麦入りミネストローネ

4人分

玉ねぎ	1/2個	だし汁(昆布)	4カップ
セロリ	1/4本	ローリエ	1枚
人参	1/2本	麦味噌	大さじ1
キャベツ	2枚	オリーブオイル	少々
丸麦	1/4カップ	塩	小さじ1
トマトジュース	1カップ		

1 野菜はすべて1cm角に切る。丸麦は洗ってザルに上げておく。
2 鍋にオリーブオイルを温め、玉ねぎ・セロリ・キャベツ・人参の順に加え炒める。途中、塩少々をふる。
3 だし汁、ローリエを加え、沸騰したら丸麦を加えて煮る。
4 材料がやわらかくなったら、トマトジュース・麦味噌を加えて軽く煮、塩で味を調える。

＊丸麦の他に、ショートパスタを入れてもよい。
＊時間が経つとふやけてリゾット風になってしまうので、気を付けて！

彩り鮮やか人参スープ

3人分

人参	150g	水	360cc
玉ねぎ	1/2個	なたね油・塩・こしょう	適宜
豆乳	120cc	パセリ	少々

1 人参は皮ごとすりおろす。玉ねぎは薄い回し切り。
2 玉ねぎをなたね油で甘い香りがするまでよく炒める。人参を加え人参臭さがなくなるまで炒める。
3 水を加えて玉ねぎが柔らかくなるまで煮る。火から下ろしミキサーにかける。
4 再び火にかけ豆乳を加え温め、塩・こしょうで味を整える。器に盛りパセリをふる。

サラダそば 1人分

1 そばは茹でて、よく洗い水気を切る。大根・人参はスライサーで細長くする。
2 油揚げは油抜き後、オーブントースターでカリッと焼いて細長く切る。
4 いんげんは茹でて細切り。ドレッシングの材料を混ぜ合わせそばにからめる。
5 器にバランスよく盛りつけ、からめた後に残っているドレッシングをかけていただく。

＊調味料の加減はお好みでどうぞ！
＊新そばが美味しい季節ですが、冷えが気になる方は暖かいおそばで！

そば……100g
大根・人参……適宜
油揚げ……1/2枚
いんげん……1本

ドレッシング
なたね油……大さじ3
梅酢……大さじ2
しょうゆ…大さじ1と1/2
わさび……適宜

食感を味わう実そばのスープ 4人分

実そば……大さじ3
大根……2cm
人参……2cm
しめじ……60g
なたね油……少々
だし汁（水）……4カップ
塩……小さじ1/2
しょうゆ……小さじ1/2
カットわかめ・長ねぎ 適宜
いんげん……2本

1 実そばは洗ってザルに上げ、水気を切っておく。
2 大根と人参は洗って皮をむかずに小さく角切り。しめじは食べやすい大きさに裂く。
3 厚手の鍋に油を入れ、1を炒める。しめじ・大根・人参の順に加え、炒める。
4 だし汁を注ぎ入れ、具がほぼやわらかくなるまで煮たら調味料を加える。
5 カットわかめを入れる。器によそい、小口切りにしたねぎをちらし、茹でて斜め切りにしたいんげんをのせる。

＊「実そば」は粒そばとかそば米とも言われ、そばの実の殻を除いた粒のこと。これを粉にしたものがそば粉です。栄養価が高いのでいろいろなお料理に利用してほしい食材。実そばの分量をもっと増やせば、“実そば雑炊”に。お野菜も旬のものをお好みで入れてください。
＊だしの濃度で調味料の分量は調整を。

さつまいもの味噌汁 4人分

さつまいも	200g	小松菜	適宜
ごぼう	30g	味噌	大さじ4
玉ねぎ	1/2個	水	4カップ
油揚げ	1/2枚		

1 さつまいもは厚さ1cmくらいの半月切り。玉ねぎは1cm角、ごぼうは7mmの角切り。油揚げは油抜きしてから細切りにする。
2 小松菜は茹でて5cmくらいに切っておく。
3 鍋に分量の水を入れて火にかけ、1を入れて煮る。
4 火が通ったら味噌を溶き入れ器に盛り、2をのせる。

れんこんもちの葛汁 4人分

れんこん	100g	だし汁	4カップ
大和芋	25g	塩	小さじ1/2
地粉	15g	しょうゆ	大さじ3弱
舞茸	60g	葛粉	大さじ2
しめじ	100g	長ねぎ	15cm
油	適宜		

1 れんこんは洗って、皮をむかず節ごとすりおろす。大和芋は洗ってひげ根を焼いてすりおろす。
2 舞茸としめじは食べやすい大きさに裂いておく。
3 長ねぎは白髪ねぎにして、水にさらす。
4 1・地粉・塩ひとつまみ（分量外）を混ぜ合わせる。
5 鍋に油をあたため、2を炒める。
6 分量のだし汁を注ぎ入れ、沸騰したら12等分した4をまるめて入れ、 塩・しょうゆを加える。
7 6に火が通ったら葛粉を同量の水で溶いて回し入れ、器に盛り3をのせる。

けんちん汁 4人分

大根	100g	豆腐	1/2丁
里芋	130g	万能ねぎ・油	適宜
ごぼう	50g	しょうゆ	大さじ1
人参	50g	塩	小さじ1/2
長ねぎ	1/2本	だし汁	4カップ
干ししいたけ	2枚	（七味唐辛子）	

1 里芋は皮をむいて適当な大きさに切ったら、塩（分量外）をまぶしてぬめりを引き出し、水で洗っておく。
2 大根・人参は短冊に。ごぼうはささがき、長ねぎは斜めに薄く切り、干ししいたけは戻して食べやすい大きさに切る。
3 豆腐はザルに上げて軽く水切り。
4 鍋に油を温め、ごぼう・しいたけ・里芋・大根・人参・長ねぎを順に加えて炒める。
5 だし汁を注ぎ入れ、野菜がやわらかくなったら塩、しょうゆを入れる。
6 豆腐を崩しながら加える。
7 器によそい、小口切りにした万能ねぎをのせる。好みで七味唐辛子をふる。

もちきびしいたけ 4人分

もちきび	1カップ
水	1.5カップ
塩	少々
ごま油	適宜
しいたけ	8個

A

だし汁	大さじ2
みりん	大さじ1
しょうゆ	大さじ1

1 もちきびを炊く。目の細かいザルに上げ、水がきれいになるまでよく洗う。
2 分量の水を沸騰させ1と塩を入れ、15分弱火加熱。火を止め天地返しをして10分蒸らす。
3 しいたけの石づきを取り除き、2を詰める。
4 フライパンにごま油をしき、3のもちきびを下にしてこんがり焼く。返して同じように焼く。
5 Aを加え、少し煮詰める。

＊みりんは伝統製法で作られたものをぜひ！

アボカドのピリ辛トマトソース 4人分

アボカド	2個
パン粉・パセリ	適宜

ピリ辛トマトソース

にんにく	2かけ
玉ねぎ	1個
トマト	5個
唐辛子	2本
塩	小さじ1
オリーブオイル	大さじ2

1 にんにくと玉ねぎははみじん切り。トマトはざく切り。赤唐辛子は小口切りにする。
2 にんにくと玉ねぎを鍋に入れ、オリーブオイルを回しかけ香りが立つまでよく炒める。
3 赤唐辛子を加えさらに炒める。途中塩ひとつまみ(分量外)。
4 トマトを加え、木べらで混ぜたとき底が見えるくらいになるまで煮詰める。塩で味を調える。
5 アボカドは縦に1/2に切り、種を取り除き、4をたっぷりのせる。
6 パン粉をふり、オーブントースターでこんがり焼き、仕上げに刻んだパセリをふる。

切り干し大根のお焼き

4人分

皮
- 地粉……………120g
- BP……… 小さじ1/2
- 塩……… ひとつまみ
- 水………………… 適宜

具
- 切り干し大根と高野豆腐の煮物
- 水・ごま油……… 適宜

1 皮の材料を全部ボウルに入れ、菜箸でかき混ぜ、水を加えながら耳たぶの柔らかさにする。
2 よくこねてひとまとめにし、ラップをして冷蔵庫で30分ねかせる。
3 2を4等分して、手で円形状にのばす。真ん中に具をのせて包む。
4 フライパンにごま油をあたためて3を並べ、焼き色がつく程度に焼いたら、少量の水を加えて蒸し焼きにする。
5 水分がなくなったら返してもう片面焼く。

*具のバリエーション（きんぴら　ひじきの煮物　かぼちゃ　さつまいも　かぼちゃ+さつまいも　高菜漬け　小豆　小豆+栗　春巻きの具など）

もちきびお焼き

作りやすい分量

1 ももちきびは目の細かいザルに入れて水がきれいになるまでよく洗い、分量の水を沸騰させ塩ひとつまみを入れ、弱火で15分炊き、10分蒸らす。
2 玉ねぎは粗みじん切り。干ししいたけは戻してからみじん切り。順に塩を少々ふりながら炒める。
3 高野豆腐はお湯で戻しフードプロセッサーで細かくする。
4 ボールに1・2・3と地粉を入れ混ぜ合わせ小判型にして24等分する。
5 地粉（分量外）を薄くまぶして、多めの油で揚げ焼きにし、ケチャップとマスタードを添える。

*雑穀は最低でも1カップくらいで炊きたい。この分量だとたくさんできてしまうので、半分だけ作ってあとはほかのお料理に使っても。

- もちきび…………… 1カップ
- 水…………… 1と1/2カップ
- 塩……………………… 少々
- 玉ねぎ………………… 100g
- 高野豆腐……………… 2枚
- 干ししいたけ………… 1枚
- 地粉………………… 大さじ1
- 揚げ油・ケチャップ・マスタード……………… 適宜

いくつでも食べられちゃう！大豆の唐揚げ

作りやすい分量

- 大豆……………………1カップ
- 地粉……………………1カップ
- にんにく………………… 1かけ
- 玉ねぎ…………………… 小1個
- 塩・大豆の茹で汁（水）・なたね油（揚げ油）・しょうゆ・しょうが……… 適宜

1 大豆は一晩水に浸し、圧力鍋でやわらかく茹でる。
2 茹でた大豆の半分をつぶし、残りの半分はそのまま。
3 にんにくはみじん切り、玉ねぎは粗みじんに切る。
4 2と3、塩を混ぜ、地粉と大豆の茹で汁も加えて、ホットケーキより少し固めの生地にする。
5 油で揚げ、おろししょうがとしょうゆを混ぜたものを熱いうちにつける。

*大豆のドライパック缶を使っても。その場合は、そのままだと少し固いのでやわらかくなるまで煮る。
*おやつにおつまみに、味がしみ込んでいるのでお弁当にも！　しょうがを効かせた方がおいしい。

とろっとろベジィなお好み焼き

24cmのフライパン1個分

キャベツ	2枚	地粉	2/3カップ
長ねぎ	5cm	白ごま	大さじ1
玉ねぎ（小）	1/4個	塩	ひとつまみ
人参	30g	だし汁	100cc
大豆（茹でたもの）	大さじ山盛り2	ごま油	適宜
山芋	100g	青のり	適宜
		紅しょうが	適宜

1 キャベツと人参は千切り、長ねぎは小口切り、玉ねぎは薄い回し切り、大豆は少しつぶしておく。
2 山芋はひげ根を焼いて、皮をむかずにすりおろす。
3 1・2・地粉・白ごま・塩をボウルに入れて、混ぜ合わせだし汁を加える。
4 ごま油を熱したフライパンに流し入れ、ふたをして焼く。
5 焼き色がついたら、ひっくり返して同じように焼く。
6 青のりをふり、刻んだ紅しょうがをのせ、ソースでいただく。

＊だし汁は、うどんやそばの残り汁や味噌汁の残りを使ってもOK。

玄米ごはん入りお焼き

8枚分

玉ねぎのみじん切り	大さじ山盛り3	人参みじん切り	大さじ2
れんこん	50g	長ねぎの青い部分	適宜
玄米ごはん	大さじ山盛り2	地粉	大さじ3
		塩	ひとつまみ
		ごま油・しょうゆ	適宜

1 れんこんはすりおろす。長ねぎの青い部分は小口切りにする。
2 1と玉ねぎ・玄米ごはん・人参・地粉をボウルに入れ、塩も加えて軽く混ぜ合わせる。
3 フライパンにごま油を熱し、8等分した2を両面こんがりと焼く。

＊焦げすぎないように気を付けながら野菜に火が通るまでしっかり焼く。
＊うどんなど粉食の場合は、玄米ごはんなど穀物を合わせることで、陰陽のバランスが取れます。

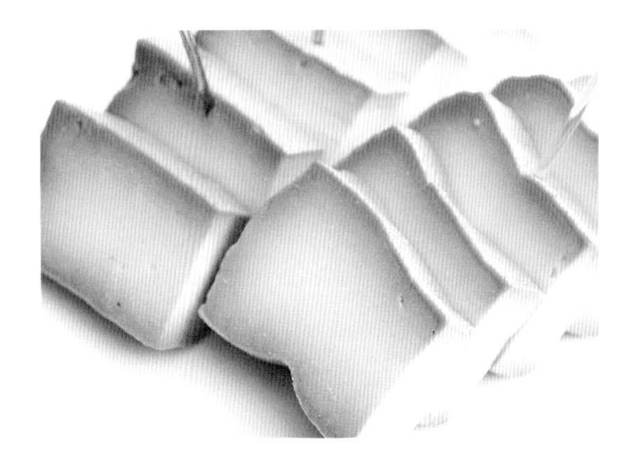

豆腐チーズ

木綿豆腐	1丁
味噌	適宜

1 豆腐は重しをしてしっかり水切りする。
2 1をガーゼでくるみ、味噌を敷き詰めた容器に入れる。
3 まんべんなく味噌が付くようにして、冷蔵庫に入れ3日〜5日ほどおく。
4 ガーゼを取り、薄く切る。

うす～く焼いてね、そば粉のガレット

3人分

そば粉	40g	塩	適宜
地粉	60g	水	150cc
玉ねぎ	1/4個	しょうゆ・なたね油・ごま油・スプラウト	適宜
舞茸	40g		
しめじ	60g		
エノキダケ	30g		

1 玉ねぎは厚めの回し切り。きのこ類は食べやすい大きさにほぐす。
2 なたね油で1を炒め、塩としょうゆで味を付ける。
3 そば粉と地粉、塩ひとつまみをボウルに入れ混ぜ、水を加えホットケーキより少しゆるいくらいの生地を作る。
4 フライパンにごま油を熱し、3の1/3量を入れ、表面がかわくまで焼く。
5 2の1/3量を3にのせスプラウトを散らす。

＊具を生地の半分にのせ、二つ折りにして手で持って食べてもよい！

こんにゃくのピリ辛炒め

作りやすい分量

こんにゃく（大）…… 1枚
なたね油………… 小さじ1
七味唐辛子………… 適宜
しょうゆ……… 大さじ1～

1 こんにゃくは塩で揉んで水分を出し、茹でて下処理をする。
2 スプーンで一口サイズにカットする。
3 なたね油を熱し、水気を切った2を炒める。
4 しょうゆを回しかけこんにゃくによくからめ、七味唐辛子をふってできあがり。

ヨーグルト蒸しパン　8個分

A
地粉……………………200g
BP…………………小さじ4

B
豆乳ヨーグルト……200g
てん菜糖…………大さじ2
なたね油…………小さじ4
メープル…………大さじ1
甘酒………………大さじ1

1 AとB、それぞれよく混ぜ合わせる。
2 AにBを加え、ゴムベラでさっくりと混ぜ合わせる。
3 プリンカップにグラシン紙をセットし、生地を押し付けないようにスプーンで入れる（落とす感じ）。
4 蒸気が上がった蒸し器に3を入れ、強火で10分蒸す。
5 竹串を刺して、何もついてこなかったらできあがり。

＊栗やりんご、さつまいもなどを入れても！

栗ぜんざい

4人分

小豆………… 1カップ
デーツ………… 10個
栗………………… 100g
塩…………………… 適宜

1 デーツは粗く刻み、栗は飾りの4個を残して粗く刻む。
2 小豆は洗って水気を切る。厚手の鍋に入れ3倍の水を加え、ふたをして中火にかける。沸騰したらふたを取り小豆の生っぽいにおいがとぶまで煮る。
3 差し水を繰り返しながら、ほぼ煮えてきたところで、デーツと塩を加える。
4 小豆がやわらかくなったら刻んだ栗を加え、混ぜ合わせる。
5 器に入れ、残しておいた栗をそのままトッピングする。

*水分を残した仕上がりにするのがポイントです。
*塩の分量は味を見ながら、甘さが引き立つくらいに調整しましょう！
*デーツはなつめやしの実で甘味がとても強くクセがないので、砂糖の代わりに使えます。砂糖を気にする方におすすめ！

栗とさつまいものゴロゴロパウンド

17.4×8.4㎝のパウンド型1個分

栗（大）……………… 7個
さつまいも………… 1/4本

A
地粉… 1カップ
BP…. 小さじ1
塩………… 少々

B
なたね油………………… 大さじ2
メープルシロップ…… 大さじ3
バニラエクストラクト 小さじ1
水……………………… 大さじ5～6

1 Aはふるっておく。栗は茹でて皮をむく。さつまいもは蒸してから皮をむいて大きめの一口大に切り、熱いうちに塩少々をふる。
2 Bをよく混ぜ合わせる。栗とさつまいもを加えさらに混ぜる。
3 Aのボールに2を流し入れ、ざっくりと混ぜる。型に流し入れ180℃に熱したオーブンで25～30分焼く。

ひえのフルーツタルト

直径15cmのリング1個分

ひえ………………1カップ
りんごジュース 2カップ
アーモンドパウダー 40g
レーズン………大さじ2
くるみ… 大さじ山盛り1
季節のフルーツ…… 数種

A
オレンジジャム（無糖） 大さじ3
水………………………大さじ4
りんごジュース…… 大さじ2
葛粉…………………小さじ2
塩………………… ひとつまみ

1 ひえは水が澄むまでよく洗い、水気を切っておく。
2 鍋にりんごジュースを入れて、煮立ったらひえと塩少々を加えて弱火で15分炊く。
3 アーモンドパウダーを加えて混ぜ合わせる。
4 レーズン・くるみは粗みじんに刻んでおく。
5 3に4を加えて混ぜ合わせ、水で濡らした型に詰める。
6 Aを鍋にすべて入れ、絶えずかき混ぜながら火を通す。
7 5を型から外し、6を塗る。
8 カットした季節のフルーツを飾る。

＊生のアーモンドパウダーの場合は、フライパンで煎っておく。

栗のムース

4人分

甘栗……………………100g
豆乳…………………2カップ
メープルシロップ 大さじ2
葛粉…………………小さじ2
寒天パウダー 小さじ1/2
クコの実………………8個

1 甘栗はブレンダーなどで、好みの粗さで砕いておく。
2 1とクコの実以外を、鍋に入れる。
3 ホイッパーでよく攪拌したら、絶えずかき混ぜながら中火にかける。
4 沸騰したら火を消し、1を加えて混ぜ、器に流し込む。
5 粗熱が取れたら冷蔵庫で冷やし固め、クコの実を飾る。

ぶどうのフランfu～

12.5×23cmの型1個分

ぶどう 15個（トッピング用 6個）

A
地粉…………… 150g
アーモンドプードル
……………………… 50g
BP………… 小さじ1

B
なたね油………………大さじ4
メープルシロップ…… 大さじ3
豆乳………………………100cc
みかんジュース……… 大さじ3
バニラエクストラクト 小さじ1

1 ぶどうは皮をむき種を取り除く。トッピング用は半分に切って種を除いておく。
2 Aはふるう。 Bはよく攪拌する。
3 AにBを加え、こねないように混ぜ合わせる。
4 皮をむいたぶどうを加え、ていねいに混ぜ合わせる。
5 型に流し入れ、トッピング用を伏せてのせる。
6 180℃に予熱したオーブンで30～35分焼く。

梨のクランブルケーキ

18×14cm 角型

A
- 地粉……200g
- BP……小さじ2
- 塩……少々

B
- なたね油……大さじ4
- 豆乳……160cc

C
- 地粉……60g
- アーモンドプードル 10g
- 塩……少々

D
- メープルシロップ 20g
- なたね油……10g

塩だけ梨のコンポート1個分
くるみ……20g

生地

1 Aはふるっておく。Bはよく攪拌し、粗めに刻んだ梨のコンポートを加える。
2 AにBを入れ、混ぜ合わせる。

クラム

3 Cはふるう。Dはよく混ぜ合わせておく。くるみは粗く砕いておく。
4 DをCに入れ、混ぜ合わせる。
5 くるみを加え、手でぽろぽろになるまでよく混ぜる。
6 型に2を流し入れ、上に5をまんべんなくのせる。
7 200℃で予熱しておいたオーブンで20分焼き、アルミホイルをかぶせ180℃に下げてさらに10分焼く。

塩だけ梨のコンポート

1 梨1個は皮をむいて芯を取り除き、8等分にする。塩少々をまぶしてしばらくおく。
2 水分が出てきたら火にかけ、ふたをして弱火でやわらかくなるまで煮切る。

*厚手の鍋がおすすめ。

そば粉の揚げせんべい 15枚分

そば粉……70g
地粉……40g
塩……小さじ1/4
ごま油（なたね油）……大さじ1
水……50cc
揚げ油・打ち粉・焼き塩……適宜

1 そば粉・地粉・塩をボウルに入れ、よく混ぜ合わせる。油を加えよくなじませ、さらに水を加えこねないように混ぜ合わせる。
2 麺棒で薄くのばす。丸い型で抜く。フォークでピケする。
3 揚げ油を中温に熱し、菜箸で返しながら焦げないように揚げる。焼き塩をふる。

揚げそばがき 3人分

そば粉……1/2カップ
熱湯……120cc
揚げ油・塩……適宜

1 そば粉をボウルに入れ、熱湯を加え菜箸でぐるぐるかき混ぜる。
2 粉っぽさがなくなったらひとまとめにし、一口大にちぎってこんがりと揚げる。
3 熱々に塩を付けて（ふって）、いただく。

＊必ず、"熱湯"で練ってください！
＊生地をゆるめにして刻んだ人参とわけぎを混ぜ、揚げればさらにもう一品！

りんご…………………… 2個
塩…………… ひとつまみ

1 りんごは皮をむき芯を取り除き、16等分に切る。厚手の鍋に入れ、塩をふって水分が出てくるまでしばらくおく。
2 水分が出てきたらふたをして弱火にかけ、途中全体を混ぜ合わせ水分がとぶまで煮る。つぶしてジャムにする。

＊火にかけてしばらくすると、水分がたくさん出てきます。水分がとぶまでは時間がかかるので、焦げないように注意しましょう。

塩だけりんごジャム 作りやすい分量

A
地粉…………… 100g
米粉……………… 40g
アーモンドプードル
……………………… 40g
塩……… ひとつまみ
BP… 小さじ1と1/2
シナモン… 小さじ1

B
豆乳……… 100cc
なたね油…… 30g
メープル…… 80g

C
アップルレーズン
くるみ …… 100g

1 Aをボウルに入れ、ホイッパーでよく混ぜ合わせる。Bはよく攪拌する。AとBをこねないように混ぜ合わせる。
2 Cを加えてさっくりと混ぜる。型に流し入れ、170℃に予熱したオーブンで25分焼く。

アップルマフィン 4個分

りんご…………………………… 1個
くるみ…………………………… 40g
ワイン漬けレーズン 大さじ2
メープル………………… 大さじ3
水………………………… 大さじ2

1 りんごは皮付きのまま縦に8等分し、さらに横に4等分する。くるみは160℃のオーブンで5分ローストし大きめに砕く。
2 メープルと水を鍋に入れ沸騰させる。1とワイン漬けレーズンを入れ水分がなくなるまで煮る。

アップルレーズンくるみ 作りやすい分量

秋の定番スイーツ、さつまいもとりんごのケーキ

さつまいも……300g
りんご……1個
くるみ……40g

A
地粉……120g
アーモンドプードル……60g
BP……小さじ1
シナモン……小さじ1/2
塩……小さじ1/2

B
なたね油……大さじ3
メープル……大さじ4
豆乳……100cc

C
メープル……大さじ3
水……大さじ2

1 さつまいもは適当に切って蒸し、熱いうちに皮をむき、さらに一口大に切る。
2 りんごは皮付きのまま食べやすい大きさに切る。
3 くるみは160℃のオーブンで5分ローストして、粗めに割っておく。
4 Cを沸騰させ1、2、3を入れて、水分をとばすようにからめながら混ぜ合わせる。途中、塩少々をふる。
5 Aの材料はふるってボウルに入れ、よく混ぜ合わせる。Bを別のボウルに入れ、ホイッパーでよく混ぜ合わせる。
6 AにBを加え、ゴムべらで混ぜる。型に流し、平らにならす。
7 6に4を並べ170℃で予熱したオーブンで25分焼く。

梅醤番茶

梅干し
しょうゆ
生姜
三年番茶*

1 梅干し1個を湯のみ茶碗に入れ、箸でつぶす。
2 しょうゆ小さじ1を加え、生姜のおろし汁を2、3滴落とす。
3 熱い番茶を注ぎ、よくかき混ぜて飲む。

★三年かけてのばした枝ごと切り取って蒸したあと、熟成させてから天日干ししたもの。
煎茶のように若葉ではなく成長した葉を原料とするため、タンニンが多めでカフェインは少なめ。

風邪の引き始めに効果があります。寒気がしたらぜひ！
胃腸の調子が悪い、疲労回復、貧血、新陳代謝アップに。血液浄化などにも効果があると言われています。

塩番茶

三年番茶
自然塩

喉の痛み、殺菌に。
外から帰ったらうがいをするとよいでしょう。

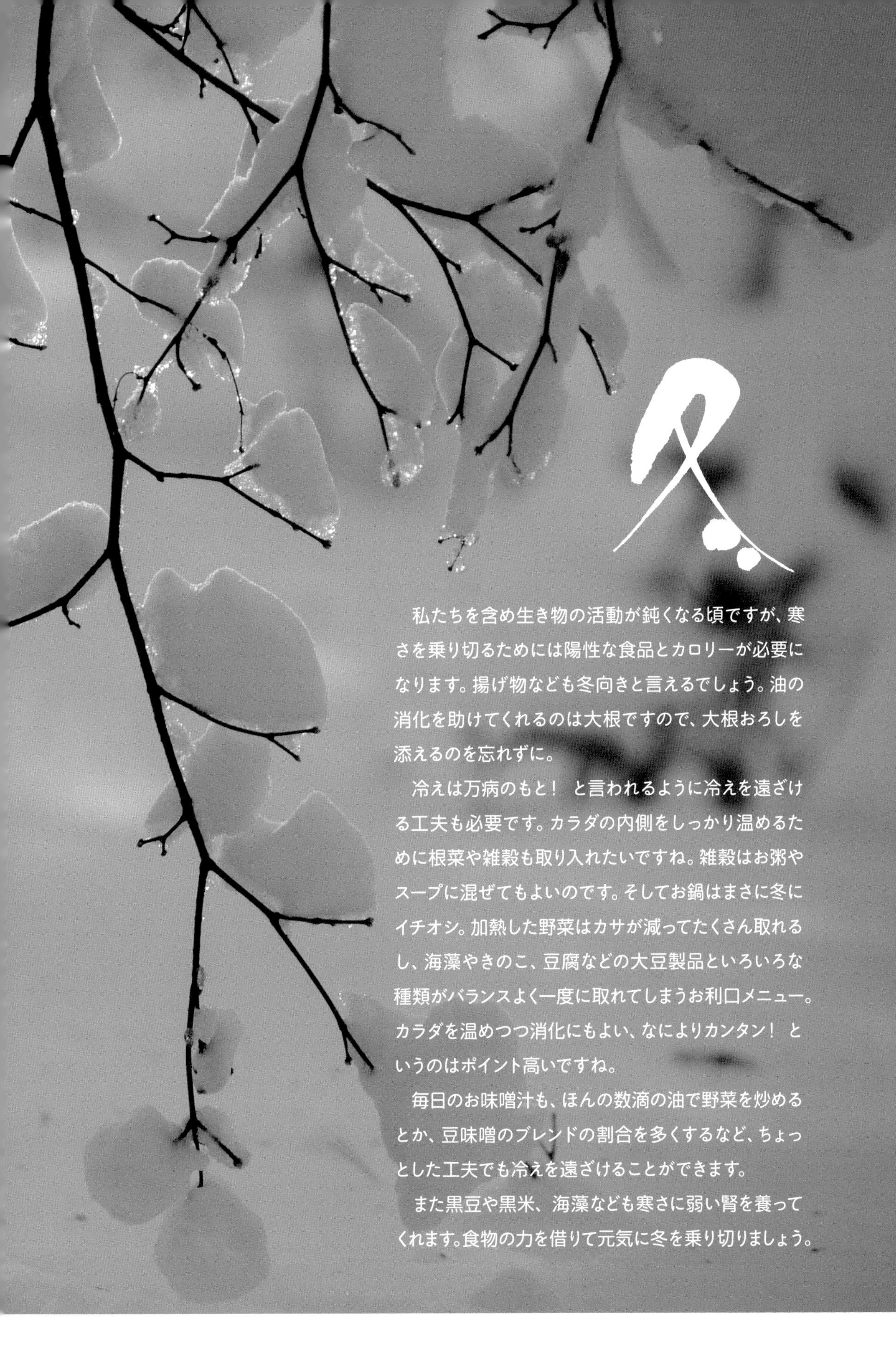

冬

私たちを含め生き物の活動が鈍くなる頃ですが、寒さを乗り切るためには陽性な食品とカロリーが必要になります。揚げ物なども冬向きと言えるでしょう。油の消化を助けてくれるのは大根ですので、大根おろしを添えるのを忘れずに。

冷えは万病のもと！ と言われるように冷えを遠ざける工夫も必要です。カラダの内側をしっかり温めるために根菜や雑穀も取り入れたいですね。雑穀はお粥やスープに混ぜてもよいのです。そしてお鍋はまさに冬にイチオシ。加熱した野菜はカサが減ってたくさん取れるし、海藻やきのこ、豆腐などの大豆製品といろいろな種類がバランスよく一度に取れてしまうお利口メニュー。カラダを温めつつ消化にもよい、なによりカンタン！ というのはポイント高いですね。

毎日のお味噌汁も、ほんの数滴の油で野菜を炒めるとか、豆味噌のブレンドの割合を多くするなど、ちょっとした工夫でも冷えを遠ざけることができます。

また黒豆や黒米、海藻なども寒さに弱い腎を養ってくれます。食物の力を借りて元気に冬を乗り切りましょう。

芯から温まろう、そばがき入り玄米味噌雑炊　3人分

- 玄米ごはん…………200g
- そば粉…………70g
- お湯…………100cc
- ごぼう…………40g
- 大根…………60g
- 人参…………30g
- 油揚げ…………1/2枚
- 長ねぎ…………1/2本
- だし汁（水）……3カップ〜
- 味噌…………60〜70g
- ごま油…………適量

1 大根と人参はいちょう切りにし、ごぼうはささがきにする。鍋にごま油を熱し、ごぼうをよく炒めてから大根・人参の順に加えて炒める。
2 1の鍋にだし汁を入れ沸騰したら、ごはんを入れて15分くらい煮る。
3 そば粉をお湯で練ったそばがきを食べやすい大きさにちぎって入れる。
4 味噌を溶き入れ、ひと煮たちさせる。だし汁が足りないようなら加える。
5 油揚げは熱湯で油抜きして半分に切ってから、短冊に切る。長ねぎは小口切りにしておく。
6 油揚げと長ねぎを加えてさっと火を通して出来上がり。

シンプルお豆ごはん　4人分

- 分搗き米…………2カップ
- 大豆…………大さじ2
- 塩…………小さじ1/2

1 大豆はフライパンで5〜6分弱火で炒る。
2 分搗き米と1、塩を炊飯器に入れ、普通に炊く。

＊節分の豆まき用や炒り大豆を使うともっと簡単だけど、炊き上がりが柔らかくなるので、歯ごたえを残すならこのやり方で！

ごぼうとれんこんの混ぜごはん 4人分

温かい玄米ごはん　茶碗4杯分
れんこん……120g
ごぼう……80g
すりごま……大さじ2
だし汁……320cc
ごま油……小さじ2
しょうゆ……小さじ3
紅しょうが……少々

1 ごぼうはささがき。れんこんは1㎜のいちょう切りにする。
2 鍋を温めてごま油をひき、弱火でごぼうを炒める。甘い香りがしてきたられんこんを加えて炒める。
3 だし汁を入れて煮る。材料がやわらかくなったらしょうゆを加え、煮汁がなくなるまで煮る。
4 ごはんに3を混ぜ、器に盛ってすりごまをふり、紅しょうがを飾る。

大根の葉…1本分
ごま油……少々
しょうゆ…大さじ1
白ごま……大さじ1
玄米ごはん 2合分

1 大根葉は塩を入れたお湯でサッと茹で、水気を絞って細かい小口切りにする。
2 フライパンにごま油を温め、1を炒め、しょうゆを回しかけてよく炒める。
3 炊いたごはんに2と煎った白ごまを入れ、混ぜ合わせる。

＊生の大根葉をダイレクトに炒めてもよい。

カルシウムたっぷり大根葉のごはん 作りやすい分量

焼きおにぎり

三角に握ったおにぎりの両面に塩麹を塗り、
オーブントースターで焼く。

「塩麹」(作りやすい分量)
麹(乾燥)……200g
自然塩……60g
水……250〜300cc

1 ボウルに麹を入れて、手でぽろぽろにほぐす。
2 塩を加え、麹となじませるように全体を混ぜ合わせる。
3 水を加え、ゴムべらなどでよく混ぜ合わせる。
4 蓋付きのホーローなどの容器に移す。
5 常温で1週間から10日ほど寝かせる。ふたはしっかり閉めない。
6 1日1回全体をかき混ぜる。
7 できあがったら冷蔵庫に入れ、3ヶ月くらいで使い切る。

お好み焼きfu〜

3人分

1 味付けかんぴょうは1cmくらいに切る。玉ねぎ、人参は粗みじんに切る。
2 フライパンにごま油を温め、玉ねぎを炒める。途中塩少々。
3 続けて、人参・コーン・かんぴょう・玄米ごはんを加え、よく混ぜ合わせる。
4 お皿にセルクル型をのせて3の1/3を詰める。
5 青のり、紅しょうがをトッピングする。

＊玄米が苦手な方も、こんなふうにすると食べやすい♪
＊味付けかんぴょうはP60参照。

味付けかんぴょう……130g
玉ねぎ……1/2個
人参……60g
玄米ごはん……300g
コーン……山盛り大さじ4
ごま油・塩・青のり……適宜
紅しょうが……少々

column

発酵食品ブームは衰えを知らず、むしろ定着した感があります。健康維持・美肌効果・免疫力アップにどんどん利用したい調味料ですね。

「麹」とは蒸した穀物や豆類にカビの仲間の麹菌を繁殖させたもの。日常の食卓に欠かせない味噌やしょうゆ、酢などは麹を使った日本の代表的な発酵調味料。麹に含まれる酵素の働きによって、タンパク質はアミノ酸に、でんぷんは糖に変化して、うまみと甘みを生み出し、食べ物を消化吸収しやすい状態にしてくれるのです。

ダブルねぎにゅうめん

2人分

長ねぎ……2本
そうめん……100g
なたね油……適宜
だし汁……3カップ
しょうゆ……大さじ2
塩……小さじ1/2
梅干し……少々
貝割れ大根・白ごま・しょうが　適宜

1 長ねぎ1/2本は白髪ねぎにし、残りの長ねぎは斜め薄切りにする。
2 鍋になたね油をしき、薄切りにした長ねぎを炒める。途中塩（分量外）をひとつまみふる。くたっとなったら、千切りしょうがを加えサッと混ぜる。
3 そうめんを茹でて流水で洗ってから水切り。
4 鍋にだし汁を温め、しょうゆと塩で味を付ける。
5 3をいったんお湯にくぐらせてから水気を切って器に入れ、4を注ぐ。
6 2をのせてその上に1を重ねる。梅干しと貝割れを添え、白ごまはひねりながらかける。

＊だし汁の作り方（2リットル）昆布5×15cm 6枚、干ししいたけ6〜7個、切り干し大根ひとつかみを2リットルの水に浸け、一晩おく。

カラダ温まるほうとう

生地
地粉……2カップ
塩……小さじ2/3
水……適宜

ごぼう……30g
人参……30g
油揚げ……1/2枚
白菜……2枚
しめじ……100g
かぼちゃ 150g
小松菜……少々
水……8カップ
しょうゆ……大さじ2
塩……小さじ2/3
なたね油……少々
好みで七味唐辛子

1 生地の材料を混ぜ合わせ耳たぶくらいの柔らかさにし、小さなボール状にまるめぬれ布巾をかけて30分ねかせる。
2 ごぼうはささがき。人参はいちょう切り。油揚げは油抜きして、縦半分に切ってから短冊切り。白菜は芯と葉に分けてざく切り。しめじはほぐしておく。かぼちゃは1cm幅くらいに切る。
3 鍋に油を熱し、ごぼう・しめじ・白菜の葉・芯・人参を順に炒め、油揚げとだし汁を注いで煮る。
4 野菜がやわらかくなったら、塩・しょうゆを加え、かぼちゃを加えてさらに煮る。
5 1を幅広のひも状にのばして、4に入れていく。麺が煮えたら味をみて、塩で調整する。
6 器に盛り、湯がいた小松菜をのせ、好みで七味をふる。

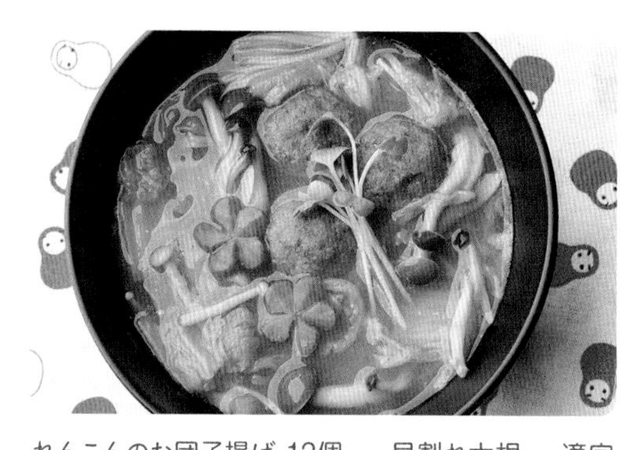

れんこんのお団子揚げと白菜、きのこのスープ

4人分

れんこんのお団子揚げ	12個	貝割れ大根	適宜
白菜	160g	型抜き人参	8枚
しめじ	100g	しょうゆ	大さじ1.5
エノキダケ	50g	塩	少々
だし汁（昆布）	4カップ	れんこんの絞り汁	

1 白菜は食べやすい大きさに切る。しめじはほぐす。エノキダケは1/2に切ってほぐす。
2 鍋にだし汁を入れて火にかけ、沸騰したら1を入れ中火で煮る。やわらかくなったられんこんの絞り汁を加え2〜3分煮てから、しょうゆと塩で味を整える。
3 2を器に盛ったられんこんのお団子揚げを3個のせ、貝割れ大根と蒸し煮した型抜き人参を添える。

＊れんこんのお団子揚げはP109参照。

れんこんのすいとん

4人分

1 れんこんは洗って、皮ごとすりおろし、Aを混ぜ合わせて8等分し、ボールにまとめる。
2 ごぼうはささがき、大根・人参はいちょう切り。油揚げは油抜き後、縦半分に切ってから短冊に切る。長ねぎは小口切り。里芋は皮をむいて4等分し、塩でもんで軽く洗い流す。
3 鍋にごま油を熱し、ごぼう・大根・人参を順に炒める。
4 水と油揚げ・里芋を入れて煮る。1を加えさらに煮る。
5 火が通ったら、しょうゆと塩で味を調える。器に盛り、長ねぎとゆずの千切りをのせる。

＊れんこんの水分が多いようなら、軽く絞る。絞り汁はそのまま汁に入れてしまってOK。咳が出ている人がいたら、飲ませてあげよう。

れんこん	120g	ごぼう	30g	しょうゆ	大さじ1
		大根	100g	塩	小さじ1/2
A		人参	40g	ごま油	適宜
地粉	大さじ3	里芋	2個	水	4カップ
塩	ひとつまみ	長ねぎ	6cm	ゆず	少々
		油揚げ	1/2枚		

白菜のクリームシチュー

多めの4人分

白菜（小）	1/4個	水	3カップ
玉ねぎ	1個	ローリエ	1枚
人参	1/2本（100g）	豆乳	1カップ
しめじ	100g	塩	適宜
ブロッコリー	1/2個	白味噌	小さじ1
かぶ	1個	米粉	大さじ3
なたね油	大さじ1	こしょう	少々

1 白菜は葉と芯の固い部分に分け、食べやすい大きさに切る。
2 玉ねぎは薄い回し切り。人参は一口大の乱切り。しめじはほぐして裂く。かぶは1cmくらいの回し切り。ブロッコリーは食べやすい大きさに。
3 鍋になたね油を温め、玉ねぎを炒める。 途中塩少々（分量外）。しめじ・白菜の葉・芯・人参の順に加え、炒める。
4 水とローリエを加えて煮る。野菜がほぼ柔らかくなったら、かぶとブロッコリーを加える。
5 豆乳100ccを加える。塩小さじ1弱と白味噌を加えて、全体を混ぜ合わせる。
6 残りの豆乳100ccで米粉を溶いて5に流し入れてとろみをつけ、塩・こしょうをして味を調える。

車麩のオニオングラタンスープ

4人分

1 車麩は素揚げし、1枚を1/4にカットしておく。
2 玉ねぎは薄い回し切り、にんにくはみじん切り。
3 オリーブオイルで2をくたっとなるまでよく炒める。途中、炒めながら塩（分量外）。
4 水とローリエを加えやわらかく煮て、塩で調味する。
5 耐熱容器に4を注ぎ、1をのせた上に薄切り餅をのせ少し沈める。
6 200℃のオーブンで7〜8分焼き、刻んだパセリをふる。

＊玉ねぎをじっくり気長に炒めるのがおいしくできるコツです！

車麩	2枚
玉ねぎ	1個
にんにく	1かけ
水	900cc
オリーブオイル	適宜
ローリエ	1枚
塩	小さじ1/2
薄切り餅	4枚
パセリ	少々

香味野菜と春雨のスープ

4人分

1 にらは5㎝くらいの長さに切る。長ねぎは斜め薄切り。しょうがは千切り。
2 春雨は湯がいて水にとって洗い、食べやすい長さに切る。
3 鍋にごま油としょうがを入れ、火にかける。
4 香りが出てきたら、にらを炒め、次にねぎを炒める。
5 2を加えてさらに炒め、酒をふる。
6 水を加えて沸騰したら塩・しょうゆで調味し、乾燥わかめを加える。
7 仕上げにごま油を少量たらす。
8 器に盛ったら白ごまをひねってふる。

にら	1/2束
長ねぎ	1本
しょうが	1かけ（4g）
春雨	20g
水	720cc
酒	大さじ1
塩	小さじ1弱
しょうゆ	大さじ1と1/2
乾燥わかめ	5g
白ごま・ごま油	適宜

 column

車麩は菜食の人にとってはお馴染みの食材。

植物性のタンパク質を手軽に取れるのと揚げたり焼いたり煮たりと様々な調理に便利に使え、メインディッシュにもなるボリュームです。おすすめは膨張剤不使用の全粒粉でできた車麩。食感がまるで違います。

ベジキムチ

白菜……………………300g
塩………………………1と1/2
人参（小）………………1本
にんにく（大）……2かけ
しょうが…………………10g

A
甜麺醤……………小さじ2
甘酒………………………60g
韓国唐辛子大さじ 1〜2
（好みで加減する）

1 白菜は食べやすい大きさに切り塩をまぶす。30分くらいしてしんなりしたら水気をしっかり絞る。
2 人参は千切り、にんにく、しょうがはみじん切り。
3 1、2と**A**をジッパー付きの袋に入れ、よく揉み込む。味を確認する。
4 サラダ感覚ですぐ食べられるが冷蔵庫で熟成させてもよい。

＊好みでにらを30g足してもよい。

れんこん餃子

れんこん……………………120g
白菜………………………………2枚
にら………………………………40g
しめじ……………………………100g
しょうが…………………………少々
葛粉……………………………大さじ1
なたね油……………………………適宜
ぎょうざの皮（中判）……24枚

1 れんこんは皮をむかずにすりおろし、水気を切る。白菜は蒸してみじん切りにし水気を絞る。しめじ・にら・しょうがはみじん切り。
2 1を全部混ぜ、葛粉を加えたらさらによく混ぜる。ぎょうざの皮で包みなたね油を熱したフライパンで焼く。

れんこんのアーモンド揚げ

れんこん……………………115g
スライスアーモンド……100g
塩・地粉・水・揚げ油　適宜

1 れんこんは7㎜の厚さに切る。地粉・塩・水で溶き粉を作る。れんこんをくぐらせスライスアーモンドをまぶし、こんがりと油で揚げ、塩を軽くふる。

れんこんのしいたけカップ揚げ

4人分

れんこん……………………………350g
塩……………………………ひとつまみ
地粉……………れんこんのかさの1/4
しいたけ……………………………8枚
地粉・水・揚げ油………………適宜

1 れんこんは8枚を5㎜くらいの厚さにスライスし残りはすりおろす。すったれんこんは軽く水気を絞り、かさの1/4程度の地粉と塩を加え混ぜる。
2 しいたけは石づきを取り除く。8等分したれんこんを詰め、スライスしたれんこんで蓋をする。
3 水で溶いた地粉を付け、油で揚げる。しょうゆをつけていただく。

れんこんのお団子揚げ

れんこん	250g	地粉	具の1/4量
人参	50g	塩	ひとつまみ
玉ねぎ	1/4個	揚げ油	適宜

1 れんこんは皮ごとすりおろし軽く水気を絞る。絞り汁はとっておく。人参もすりおろす。玉ねぎはみじん切りにする。
2 1をひとつのボールに入れ塩を加えて混ぜ合わせる。分量の地粉を入れて混ぜる。一口サイズのお団子に丸め油できつね色になるまで揚げる。

にら……1/2束
れんこん……10g
長ねぎ……5cm
しょうが……1かけ
餃子の皮……8枚

A
酒……小さじ1/2
しょうゆ……小さじ1/2
塩……ひとつまみ
葛粉……小さじ1
なたね油……少々

B
酢・しょうゆ・ラー油 適宜

1 にらは粗みじんに切る。れんこん・長ねぎ・しょうがはみじん切り。
2 1にAを加え、粘りが出るまでよく混ぜ合わせる。
3 2を8等分し、餃子の皮で包む。フライパンになたね油を入れ、焼く。
4 Bを付けていただく。

にらまんじゅう

2人分

にらドッサリ麻婆豆腐

2人分

1 舞茸・長ねぎ・しょうがはみじん切り。油揚げは油抜きしてから粗みじん切り。にらは食べやすい長さに切る。
2 鍋にAを入れ弱火にかけ、香りが立つまでよく炒める。舞茸・油揚げを加えさら炒める。
3 合わせておいたBを加えてひと煮立ちさせる。
4 豆腐はお湯で温めておく。
5 3ににらと長ねぎ、4を加える。火が通ったら、水大さじ2で溶いておいた葛粉を加えとろみを付ける。

*豆腐はお湯で温めておくと崩れにくく冷めにくい。

にら……1/2束
木綿豆腐……1丁
舞茸……60g
油揚げ……1枚
長ねぎ……1本
葛粉……大さじ2
水……大さじ2

A
にんにく……1かけ
しょうが……1かけ
豆板醤 小さじ1/2
ごま油 小さじ1/2
味噌……大さじ1
塩……ひとつまみ

B
水……150cc
しょうゆ 大さじ1
みりん 大さじ2.5

ブロッコリーのフリッター

2人分

ブロッコリー……………1株
地粉……………3/4カップ
塩……………ひとつまみ
炭酸水……………150cc
なたね油・焼き塩・レモン
……………適宜

1 ブロッコリーは小房に分け、茎も外側の固いところを取り除いて、食べやすい大きさに切る。
2 地粉と塩をボウルに入れて混ぜ合わせ、炭酸水を加え、手早く箸でかき混ぜる。
3 1を2にからませ、油でカラッと揚げる。
4 レモンを絞り、焼き塩をふっていただく。

ソイミートと根菜のボリュームマリネ

4人分

1 ソイミートはたっぷりのお湯に浸けて戻す。
2 軽く洗ってからしぼり、米粉をまぶし揚げ焼きにする。
3 大根はイチョウ切り、れんこんは半月切り、人参は斜め切りをさらに斜めに切る。
4 マリネ液を作る。玉ねぎ・しょうがはすりおろし、調味料と合わせる。
5 1と3を4で和える。

*野菜はなんでもあるもので。
*作りたてより時間をおいた方が味がなじんでおいしい。

唐揚げタイプのソイミート……8個
米粉……………適宜
大根・れんこん・人参など　各適宜

マリネ液
しょうゆ……………大さじ3
純米酢……………大さじ3
玉ねぎ……………1/2個
しょうが……………1かけ

シャキシャキ歯ごたえにらの酢味噌がけ

2人分

にら……………1束
白味噌……………大さじ1
玄米酢……………小さじ1

1 にらは茹でて、5cmくらいの長さに切る。
2 白味噌と玄米酢をよく混ぜ合わせる。
3 1を器に盛り、2をかけ、和えながらいただく。

大根のしょうゆ漬け

1 大根は1㎝くらいの厚さに切り、さらに4〜6等分する。
2 密閉容器に1としょうゆを入れ、蓋をして振り一晩置く。

＊食べきれないほど大根があったら、こんなふうにしておくといつでも食べられる。

大根……4㎝
揚げ油・しょうゆ……適宜
七味唐辛子・ゆずの皮……少々

1 大根は洗ったら皮をむかず1㎝の厚さに切る。さらにそれぞれを1/4等分する。
2 揚げ油を熱し、低温でじっくり揚げる。竹串がすっと刺さればOK。
3 器に盛り、しょうゆをかけ、七味唐辛子と千切りにしたゆずの皮をのせる。

＊熱々を♪

ジュワッと揚げ大根

4人分

グリルドオニオン

2人分

玉ねぎ（小）……1個
塩麹……大さじ1
オリーブオイル……大さじ1

1 玉ねぎは上下を少し落とす。
2 皮付きのまま縦半分に切る。
3 塩麹とオリーブオイルをよく混ぜ合わせる。
4 2を天板にのせ、3を切り口にのせる。
5 200℃のオーブンで15〜17分焼く。

＊玉ねぎの大きさやオーブンによって焼く時間は加減して。

八宝菜 4人分

玉ねぎ	1個	きくらげ	3g
にら	1/2束	しょうが	5g
白菜	3枚	ごま油	適宜
人参	50g	しょうゆ	大さじ1と小さじ1
厚揚げ	2枚	塩	適宜
干ししいたけ	2個	葛粉	大さじ1と小さじ1

1 玉ねぎは回し切り。にらは5cm、白菜はざく切り、人参は斜めに切ってさらに斜めに切る。厚揚げは油抜きし、1cmくらいの厚さに切る。干ししいたけときくらげは戻して食べやすい大きさに切る。しょうがは千切り。
2 ごま油を熱し、1を順に炒める。
3 干ししいたけの戻し汁1カップを加え、野菜がやわらかくなったら、しょうゆと塩で調味する。
4 葛粉を同量の水で溶いて、回しかけとろみをつける。

＊ごはんにのせてどんぶりにしてもおいしい！

エノキダケ	100g
しめじ	200g
しいたけ	3枚
しょうゆ	大さじ2
みりん	大さじ2
水	大さじ2

1 エノキダケは2cmに切る、しめじは細かく裂く、しいたけは薄切り。調味料と鍋に入れ煮る。

きのこ3スターズ 作りやすい分量

車麩のロールキャベツ

4人分

1 キャベツは一枚ずつ丁寧にはがし、塩を入れた熱湯で茹で、ざるにあけて冷ます。芯はそぐ。
2 車麩はサッと素揚げし、1/2に切る。
3 にんにくは薄くスライス。玉ねぎは薄い回し切り。
4 オリーブオイルと3を鍋に入れ、火にかけよい香りがするまでじっくり炒める。途中軽く塩をする。
5 2を1で包み、ようじでとめ4に入れ、塩をふり、ワインを加える。
6 さらにトマトと水・味噌を加え、ふたをして煮る。
7 焦げないように注意しながら、ときどき汁をかけながらやわらかく煮る。

＊トマトの陰性さはじっくり加熱することと陽性の調味料味噌を使って陰陽のバランスを取ります。
＊かぶや人参など一緒に巻いてもよい。

キャベツ……8枚
車麩……4枚
トマト缶……1缶
にんにく……2かけ
玉ねぎ……1/2個
オリーブオイル・塩　適宜
水……2カップ
白ワイン……大さじ3
熟成味噌……小さじ1
茹でたブロッコリー　適宜

白菜ロールのトマト煮込み

4人分

1 車麩は素揚げし、1/4にカットする。
2 白菜の葉はやわらかく茹でて、1を巻き楊枝でとめる。
3 玉ねぎは回し切り、しめじはほぐす。
4 鍋になたね油を温め、3の玉ねぎを炒める。途中塩。
5 しめじを加えてさらに炒め、トマトの水煮缶と水を加える。
6 沸騰したら2と白味噌を加え、時々汁をかける。
7 車麩が十分にやわらかくなったら味をみて、必要なら塩で味を調える。

＊トマトの水煮缶はクエン酸が入ってないものを！

車麩……2枚
白菜の葉（小）……8枚
玉ねぎ（大）……1個
しめじ……100g
トマト缶……1缶
水……250cc
塩……適宜
白味噌……大さじ1
なたね油……適宜

焼き白菜

白菜……1/4個
長ねぎ……1/3本
しょうが・ハーブソルト……適宜
ナッツ類（かぼちゃの種・ひまわりの種・くるみ・アーモンドスライス等）適宜

A
バルサミコ酢(白)……大さじ3
ごま油……大さじ3
しょうゆ……小さじ3

1 白菜は縦に1/8等分し、天板にのせてハーブソルトをふり、200℃のオーブンで25分焼く。
2 長ねぎとしょうがは千切りにする。
3 Aでたれを作る。
4 1を器に盛り、2をのせ、さらに3を回しかける。ナッツ類を散らす。切り分けてどうぞ。

大根と白菜のサラダ　4人分

大根……200g
白菜……2枚
人参……50g
ラディッシュ……3個
貝割れ大根……1パック
塩……小さじ1

ドレッシング
なたね油……大さじ2
玄米酢（純米酢）大さじ1
しょうゆ……小さじ1
練り梅……小さじ1

1 ラディッシュは薄く切る。貝割れ大根以外はそれぞれ千切りにして、軽く塩をしておく。
2 1を軽くしぼって食べやすい長さに切った貝割れ大根を加えて混ぜ、ドレッシングで和える。

＊さっぱりドレッシングのサラダは揚げ物に添えても！

長ねぎのおいしさがわかるマリネ　2人分

長ねぎ……2本

A オリーブオイル……大さじ4
ワインビネガー……大さじ4
しょうゆ……大さじ2

1 長ねぎは6cmくらいに切る。フライパンにオリーブオイル（分量外）を温め、じっくり焼く。
2 Aを合わせてマリネ液を作る。1を熱いうちに漬ける。

塩黒豆

5人分

黒豆………… 1カップ
水……………… 3カップ
塩小さじ………… 1/4
しょうゆ…… 小さじ1
（きなこ適宜）

1 鍋に水・塩・しょうゆを入れて温めてから黒豆を加え、一晩おく。
2 火にかけ、差し水をしながらやわらかくなるまで煮る。
3 しばらく放置して味をなじませる。

＊塩をほんの少し加えたきなこをまぶして食べてもよい。
＊黒豆の煮汁はのどに効くので、声がれやせきに。

いちごタルトケーキ

20cmタルト型1個

「クラスト」を焼く

A
地粉……160g
完全粉……40g
塩……小さじ1/4

B
メープルシロップ 30g
なたね油……50g
水……大さじ1

1 Aはふるって混ぜ合わせる。Bはよく攪拌し1に加える。
2 こねないようにしてまとめ、半分に切って重ねることを2回繰り返す。
3 めん棒で5㎜くらいの厚さにのばす。
4 タルト型にのせ、はみ出した分をめん棒を転がして切り落とす。
5 フォークで穴を開けて180℃で予熱したオーブンで15分焼く。

*切り落とした生地は、成形してクッキーに！

「グラサージュ」を作る

葛粉（微粉末） 大さじ1強
りんごジュース 1カップ

1 鍋に材料を入れ、よく混ぜ合わせたら火にかけ、よくねる。

*残りはホットアップルドリンクとして飲んでください。

「いちごムース」を作る

A
豆乳……2カップ
メープルシロップ 大さじ3
寒天パウダー 小さじ3/4
葛粉（微粉末）…… 大さじ1

いちご……170g
なたね油 大さじ1/2
バニラエキストラクト……小さじ1/2

1 Aを鍋に入れ、絶えずかき混ぜながら中火で沸騰させる。
2 いちごはつぶして1に加え、よく混ぜ合わせる。
3 なたね油とバニラエキストラクトを加える。
4 クラストに流し入れる。

*微粉末の葛粉がない場合は、ミキサーなどで細かくするか、すりこぎでするかし、液体の中で溶かしてから火にかける。
*単品で作る場合は、3で器に入れて冷やし固め、刻んだいちごを飾る。

組み合わせる

いちご・ミント 適宜

1 いちごムースをを流し入れたクラストにカットしたいちごを並べる。
2 仕上げにグラサージュを刷毛でたっぷりと塗る。隙間にも流し入れる。
3 ミントをトッピングする。

A
地粉……………………60g
アーモンドプードル
……………………………30g
BP……………小さじ1/2
塩………………小さじ1/4

B
なたね油　大さじ1と1/2
メープルシロップ
……………………大さじ2
豆乳……………………50cc

いちご・ミント……適宜

いちごのクラフティ

直径16㎝の型

1 Aはふるってよく混ぜ合わせる。
2 Bもよく混ぜ合わせておく。
3 1に2を入れ、さっくりと混ぜ合わせる。
4 型に3を流し入れ、1/2に切ったいちごを敷き詰める。
5 170℃のオーブンで25分焼く。粗熱が取れたらミントを飾る。

＊アーモンドプードルを完全粉（全粒粉）に変えてもよい。

いちご（完熟したもの）
…100g（へたを取って）
玄米甘酒…………100cc
水……………………50cc
豆乳…………………50cc
塩……………ひとつまみ
葛粉……………大さじ1
飾り用いちご…………1個

いちごふるるん

4個分

1 いちご以外の材料を鍋に入れ、火にかける。
2 常によく混ぜ合わせ、ふつふつとしてとろみがついたらいちごをつぶしながら加え、火を止める。
3 器に入れ粗熱が取れたら飾り用のいちごを粗く刻んでのせ、冷蔵庫で少し冷やす。

＊鍋に入れるいちごは刻むよりも食感がよいので手でつぶす。

チョコ風クリスマスケーキ

18cm丸型

スポンジ

A

地粉……180g
ココア……25g
BP……5g

B

なたね油……75g
メープルシロップ……80g
豆乳……150cc
バニラエクストラクト 4g

1 Aはふるう。Bはよく攪拌する。
2 BをAに入れゴムべらでさっくり混ぜる。
3 油を薄く塗った型に流し入れる。
4 平らにならし、底とサイドをとんとんして空気を抜く。
5 180℃のオーブンで15分焼く。

＊ステンレスの型を使用する場合は、オーブンペーパーを敷く。

ココアクリーム

木綿豆腐……200g
なたね油……30g
玄米ポンセン……10g
米飴……大さじ3
メープルシロップ 大さじ3
塩……ひとつまみ
ココア……小さじ2

1 豆腐は重石をして、しっかり水切りする。
2 玄米ポンセンは、細かく砕いておく。
3 材料をすべて器に入れ、ミキサーなどでクリーミーになるまでよく混ぜ合わせる。

米飴　市販のものは湯煎にして使用してください。また、手に入らない場合はてんさい糖をお湯でといてお好みの甘さにするか、メープルシロップを増やしてください。

シンプルクッキー

A
地粉……………… 125g
米粉……………… 10g
塩………… ひとつまみ

B
なたね油…………… 40g
米飴…… 大さじ1と1/2
メープルシロップ 15g

1 Aはふるってボウルに入れる。
2 Bを別のボウルに入れ、乳化するまでよく攪拌する。
3 2を1に入れ、ゴムべらで粉っぽさがなくなるまで混ぜる。
4 生地をひとまとめにする。
5 ラップを敷いた台に4をのせ、上にもラップをかけ5㎜くらいの厚さにめん棒で伸ばす。
6 好きな型に抜く。
7 170℃のオーブンで15分焼く。

*焼く前に穴を開けて、焼き上がったクッキーにひもを通し、オーナメントとしてツリーに飾っても楽しい。
*甘露煮の後、お鍋に残った米飴に「紫芋粉」と「抹茶」をそれぞれ混ぜて練り、セロファンを丸めた容器に入れてクッキーをデコるとまた楽し！

栗の甘露煮

甘栗……………… 120g
水……………… 100cc
米飴……………… 大さじ2

1 すべて鍋に入れて火にかけ、つやよく煮上げる。

デコレーション

1 スポンジは横に1/2に切る。
2 間にココアクリームをぬり、細かく刻んだ栗を散らす。
3 全体にココアクリームを塗る。
4 表面に細かく刻んだピスタチオをまんべんなく散らす。
5 栗の甘露煮を中央に積み上げる。
6 周りにも等間隔で栗を8個並べる。
7 隙間にクリームを絞る。
8 クッキーをバランスよく飾って、完成。

マクロ的キャラメルナッツ

A
アーモンド・くるみ・パンプキンシード・カシューナッツ・ピスタチオナッツ等
合わせて山盛り1カップ

B
ミューズリー　1カップ

C
メープルシロップ……1/2カップ

1 Aはフライパンで軽く煎る。Bを加えて混ぜ合わせる。
2 鍋にCを入れ、沸騰したら1を入れて、水分がとんでベタベタするまでよく混ぜ合わせる。
3 熱いうちにスプーンですくってグラシン紙の上に並べ、固める。

＊Aは何でも好みのものを！ 150℃のオーブンで約5分ローストしてもよい。
＊今回使用したミューズリーは、ドライフルーツやナッツ、シードが入ったオーガニックミューズリー。手に入らない場合は好みのシリアルで！

グラノーラ

地粉……1/2カップ
ミューズリー……1カップ
なたね油……25g
メープルシロップ……35g
好みでシナモン……少々

1 地粉、ミューズリーをボウルに入れ、よく攪拌する。
2 なたね油を加え、ゴムべらで粉っぽさがなくなるまでていねいに混ぜ合わせる。
3 メープルシロップを加え、さらに混ぜ合わせる。
4 天板に広げ、170℃で30分焼く。

＊ミューズリーがない場合は、オートミールにお好みのナッツとドライフルーツを加えてください。

りんごのパウンドケーキ

パウンド型1個分

1 Aはふるっておく。りんごは上に飾る分1/2を薄くスライスし、残りは薄いくし型に切る。
2 Bをよく混ぜ合わせ飾り用を除いたりんごを加えAに流し入れ、さっくりと混ぜる。
3 油を塗った型に2を流し込み、残しておいたりんごをのせ、180℃に温めたオーブンで30〜35分焼く。焼き具合は竹串を刺して確かめる。

＊りんごの大きさや水分で水の分量は調節し、甘さもお好みで。メープルは多すぎない方がベター。りんごのほんわか優しい甘さを味わって。

こだわりの食材：
＊地粉は薄力粉に代えてもよい。BPはアルミフリーのものを。
＊バニラエキストラクトは無添加の香料。これが入ると風味が格段にアップする。自然食品店などで手に入る。なくてもOK。

A
地粉……200g
BP……小さじ1.5
塩……少々

りんご……1個

B
なたね油……大さじ3
メープルシロップ……大さじ2〜3
バニラエキストラクト……小さじ1
水……大さじ5〜6

一応、アップルパイ

りんご1個分

1 りんごは皮をむいて芯を除き8等分し、さらにいちょう切りにする。
2 りんごを鍋に入れてりんごジュース大さじ3と塩を加え、ふたをして中火にかけて蒸し煮する。
3 りんごが透き通ったら、残りのりんごジュースで溶いた葛粉を流し入れて、透明になるまで煮る。
4 春巻きの皮に3をのせ、シナモンをふって包む。
5 180℃の油で揚げる。

＊油が気になる人は、オーブンで焦げ目がつくくらいに焼いてもよい。

りんご……1個
りんごジュース……大さじ6
塩……少々
葛粉……大さじ1と1/2
春巻きの皮……4枚
シナモン……少々
揚げ油……適宜

とろりんりんドリンクゼリー

作りやすい分量

りんごジュース……1カップ
みかんジュース……1カップ
葛粉 大さじ2〜山盛り大さじ2

1 最初にりんごゼリーを作る。りんごジュースに葛粉大さじ1を入れ、火にかけてよく煮溶かす。器に入れる。
2 みかんゼリーを同様に作る。
3 2を1に静かに注ぎ入れる。

＊素材で固まり具合が変わる。それを2種類重ねることで実感できます。ストローでも飲めるゆるゆるのゼリー。
＊葛粉はからだを温め、胃腸の働きを整える。
＊冷蔵庫に入れるのはNG。食感が台無しになってしまうので、涼しいところで固めよう。

きびもち

作りやすい分量

もちきび	1カップ	水	100cc
さつまいも	300g	塩	少々
りんごジュース	300cc	きな粉	適宜

1 もちきびは濁った水が澄むまでよく洗う。
2 りんごジュースと水を合わせて沸騰させ、1を入れる。
3 15分炊いたら火から下ろし15分蒸らし、天地返しをする。
4 さつもいもは蒸して塩少々をふりながらマッシュする。
5 2と3を混ぜ合わせ一口大の団子にし、塩少々を入れたきな粉をたっぷりまぶす。

*雑穀だけで炊くなら最低でも1カップで炊いてほしい。この分量で作ると結構な量になってしまうので、お友だちにお裾分けしましょう!

いちご大福

12個分

いちご	12個	みかんジュース	150g
白玉粉	150g	あん	150g〜
塩	ひとつまみ	片栗粉	適量

1 生地を作る。白玉粉と塩をボウルに入れ、ジュースを加える。
2 なめらかになるまでよくこねる。
3 1を適当にちぎって蒸し器で8分蒸す。
4 3をボウルに入れすりこぎでつく。
5 バットに片栗粉を敷き、4を入れ12等分する。
6 いちごをあんで包んで団子にする。
7 5を丸くのばしながら、片栗粉を付けて6を包む。

*いちごの大きさに合わせて分量を調整してください。

いちごとバナナのクランブル

6人分

いちご……10粒
バナナ……1〜2本

A		B	
地粉	60g	メープルシロップ	20g
アーモンドプードル	10g	なたね油	10g
塩	ひとつまみ		

1 いちごは洗ってへたを取り、ザルに上げて水気を切る。バナナは皮をむいて一口大に切る。
2 Aはふるう。Bはよく混ぜる。AにBを入れ、手でぽろぽろになるまで混ぜ合わせる。
3 耐熱容器に1を並べ、上から2をまんべんなくかける。
4 200℃で予熱したオーブンで20分焼く。

*熱々を♪

フランボワーズタルト 18cm丸型

フランボワーズ（冷凍） 280g

タルト生地

地粉……200g　水……大さじ4
なたね油……大さじ4　塩……ひとつまみ

1 ボールに地粉と塩を入れてホイッパーで撹拌する。
2 なたね油を加え、両手でもむようにして粉と油をよくなじませる。
3 水を加え、こねないようにしてドレッチで混ぜ合わせる。
4 30分ほどねかした後、めん棒でのばす。
5 タルト型に生地をふちまできっちり押さえて、敷きつめる。
6 はみ出した部分はめん棒で転がしてカットする。
7 フォークで穴をあけ、170℃のオーブンで10分焼く。

ジャム

フランボワーズ……60g　葛粉……小さじ1
りんごジュース……50cc　水……小さじ1
メープルシロップ 大さじ1

1 小鍋に解凍したフランボワーズとりんごジュース・メープルシロップを入れかき混ぜながら火にかける。
2 半量になるまで煮詰め、水で溶いた葛粉を加えてとろみをつける。

フィリング（詰め物）

A
アーモンドプードル……60g
地粉……100g
BP……小さじ1

B
なたね油……大さじ3
メープルシロップ 大さじ3
豆乳……100cc
バニラエクストラクト 小さじ1

1 ボールにAを入れ、ホイッパーでよく混ぜ合わせる。
2 Bはすべてボールに入れ、ホイッパーでよく混ぜ合わせる。
3 AにBを一気に入れて混ぜる。
4 焼いたタルト生地に流し入れる。
5 180℃のオーブンで30分焼く。

グレイズ
（フルーツやケーキの表面につやを与え、乾燥を防ぐ）

りんごジュース 1/2カップ　葛粉……小さじ2

1 りんごジュースと葛粉を鍋に入れ、かき混ぜながら透き通るまでよく煮溶かす。

---

1 残っているフランボワーズは、フォークの背で細かくつぶす。
2 フィリングにジャムを塗る。
3 2の上に1をまんべんなくのせる。
4 3にグレイズを平らに塗ってつやを出す。

ビスコッティ　20本分

地粉……180g
BP……小さじ1
塩……ひとつまみ
アーモンド・カシューナッツ・くるみ……合わせて1カップ

A
りんごジュース…2/3カップ
メープルシロップ……50cc
なたね油……大さじ3
レモン汁……小さじ1/2

1 粉類をふるい、ナッツ類は150℃のオーブンで15分ローストし粗く刻む。
2 Aはホイッパーでよく混ぜ合わせる。1を少しずつ加えてさっくりと混ぜ生地を作る。
3 生地がまとまってきたら28㎝×8㎝×2㎝くらいのローフ型に形を整える。
4 170℃に温めたオーブンで約20分焼く。
5 軽く焼き色が付いたら取り出して1㎝幅に切る。
6 5を横にして並べてさらに15分焼き裏返して15分焼く。

＊ 焼き時間が長くなるほど固いビスコッティができる。

こだわりの食材：

＊ナッツ類はオーガニックのもので無塩を、りんごジュースはストレート無添加。レモンは国産。

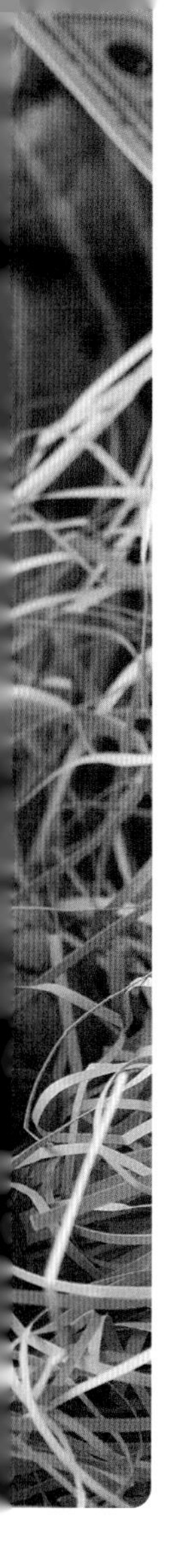

1

基本のクッキースコーン

A

地粉……………………200g
完全粉（全粒粉）…50g
アーモンドプードル 20g
塩…………………小さじ1/2
BP…………………小さじ2

B

なたね油…60cc
メープルシロップ
……………大さじ3
豆乳…………80cc

1 Aはそれぞれふるってボウルに入れホイッパーでよく攪拌する。
2 Bもボウルに入れ、同様に。
3 2を1に一気に入れゴムべらで混ぜる。
4 粉っぽさがなくなったら10等分にまとめる。
5 180℃に予熱したオーブンで30分焼く。

＊伸ばして厚めに切ると歯応えのあるショートブレッド風になります。

2

人参と玉ねぎのクッキースコーン

基本のスコーンの材料
塩……………小さじ2/3
豆乳…………………95cc
人参………30g
玉ねぎ……40g
水………小さじ2

1 人参は5mm角、玉ねぎは7mm角に切って鍋に入れ、塩ひとつまみを加えてそのまましばらくおく。
2 水分が出てきたら、から炒りし、その後水を加えて弱火で蒸し煮にする。
3 基本のスコーン1〜3と同じ。
4 2を3に加え、混ぜ合わせ10等分にまとめる。
5 180℃に予熱したオーブンで30分焼く。

＊蒸し煮は厚手の鍋で！

3

ごぼうのクッキースコーン

基本のスコーンの材料
メープル………大さじ2
（なくてもよい）
ごぼう………………40g
梅酢……………小さじ1
水…………………180cc

1 ごぼうは洗って2mmの小口切りにし、さらに1/2〜1/4に切る。
2 鍋に水と梅酢、1を入れ火にかけ、煮切る。
3 基本のスコーン1〜3と同じ。
4 2を3に加え混ぜ合わせ、10等分する。
5 180℃に予熱したオーブンで30分焼く。

4

ナッツのクッキースコーン

基本のクッキースコーンの材料
クルミ・アーモンド・かぼちゃの種・ひまわりの種等 合わせて40g（何でもお好みで）

1 ナッツ類は160℃のオーブンで10分ローストし、粗く刻む。
2 基本のスコーン1〜3と同じ。
3 1を2に混ぜ10等分にしてまとめる。
4 180℃に予熱したオーブンで30分焼く。

ねぎを使ったお手当

ねぎ味噌

作りやすい分量

長ねぎ…………………… 3本
麦味噌…………… 大さじ2
なたね油……………… 少々
水………… 大さじ2と1/2

1 長ねぎは白いところと青いところに分けてそれぞれ1㎜の小口切りにする。
2 鍋に油をしき、1の青いところを炒める。いったん端に寄せ、1の白いところを入れる。
3 青いところを白いところにかぶせてから全体を炒める。水を加え蓋をして弱火で蒸し煮にする。
4 長ねぎに火が通ったら味噌をのせて蓋をする。味噌が水分を含んでふわっとしたら全体を混ぜ合わせて火から下ろす。

＊体の芯が冷えているときなど。風邪の時もおすすめ。動物性タンパクの消化も助けてくれる。花粉症やアトピーにもよいと言われているので、毎日少量を継続してみて。

〈ねぎ〉
においの成分に菌の繁殖を防ぎ、風邪などに対する対抗力をつける働きがある。からだを温めて疲れを回復させ、高血圧や動脈硬化を防ぐなどの薬効も。

ねぎ湿布

長ねぎ…………………… 1本
手拭い…………………… 1枚

長ねぎは青い部分を取り除き、縦に1/2に切れ目を入れ、開く。少し焦げ目がつくくらいに火で炙る。手拭いを広げ2をのせ三つ折りにしてくるみ、喉に巻く。

＊喉が痛い時、声枯れなどに。

おわりに

人とのつながりとか、物事のタイミングとか、自分がどうこうすることなくうまく噛み合うことで一つのことが成される、ずっと温めてきた「レシピ本の出版」はそんな風にして生まれました。

関わってくださったたくさんの方にただひたすらに感謝するばかりです。

これらのレシピが毎日の食卓を飾る一品になれたらとてもシアワセです。皆さんが健康であること、日々の暮らしの中で喜びと楽しみを見つけていけること、決して一人ではないこと、未来に向かってポジティブな思考でいられること…、それらを願ってやみません。時に便利なものは、何か大切なものを忘れさせてしまう、時々立ち止まっては、振り返り周りを見渡すことも必要かもしれません。目まぐるしく変化する現代の中で、歩調を緩め景色を見渡す…、空を見上げる…、季節を感じる…、そんな余裕を持っていたいと思います。

♡Special thanks to Ms.Kikuchi & Mr.Sekiya♡

永井 恵美 Nagai Emi

菜食家庭料理家
マクロビオティックのお料理教室「Natural Cooking Club（ナチュラル クッキング クラブ）」主宰。マクロビオティックの理論をベースに、菜食の輪を広げる活動をしている。

リマクッキングスクール師範科卒
GRACEFUL SWEETS SCHOOL スイーツコース修了
リビングフードジュニアアドバイザー
カラーコーディネーター

だって！ 野菜がスキ!!

2023年5月25日　第1刷発行

著　者　永井 恵美
撮　影　関谷 良正　b studio
編　集　菊池 京子
発　行　有限会社 随想舎
〒320-0033 栃木県宇都宮市本町10-3 TSビル
TEL 028-616-6605　FAX 028-616-6607
URL : https://www.zuisousha.co.jp/
印　刷　株式会社シナノパブリッシングプレス

装丁：栄舞工房

定価はカバーに表示してあります／乱丁・落丁はお取りかえいたします

ISBN978-4-88748-421-4